O nosso peixe
DE CADA DIA
50 RECEITAS DE PEIXES E FRUTOS DO MAR
ANDRÉ BOCCATO

ADMINISTRAÇÃO REGIONAL DO SENAC NO ESTADO DE SÃO PAULO
Presidente do Conselho Regional: Abram Szajman
Diretor do Departamento Regional: Luiz Francisco de A. Salgado
Superintendente Universitário e de Desenvolvimento: Luiz Carlos Dourado

EDITORA SENAC SÃO PAULO
Conselho Editorial: Luiz Francisco de A. Salgado
Luiz Carlos Dourado
Darcio Sayad Maia
Lucila Mara Sbrana Sciotti
Jeane Passos de Souza

Gerente/Publisher: Jeane Passos de Souza (jpassos@sp.senac.br)
Coordenação Editorial/Prospecção: Luís Américo Tousi Botelho (luis.tbotelho@sp.senac.br)
Márcia Cavalheiro Rodrigues de Almeida (mcavalhe@sp.senac.br)
Administrativo: João Almeida Santos (joao.santos@sp.senac.br)
Comercial: Marcos Telmo da Costa (mtcosta@sp.senac.br)

Edição e Preparação de Texto: Adalberto Luis de Oliveira
Revisão de Texto: Camila Lins, Karinna A. C. Taddeo
Editoração Eletrônica: Antonio Carlos De Angelis
Fotografias: Cristiano Lopes (receitas), iStock (pp. 19, 21, 22),
FreeImages (pp. 3, 4, 5, 6, 8, 12, 14, 18, 28, 136)
Food Designer: Airton G. Pacheco
Cozinha Experimental: Aline Maria Terrassi Leitão
Texto Introdutório: Gustavo Rodrigues (pp. 7-31),
Impressão e Acabamento: Gráfica CS Eireli

Proibida a reprodução sem autorização expressa.
Todos os direitos desta edição reservados à:
Editora Senac São Paulo
Rua 24 de Maio, 208 – 3º andar – Centro – CEP 01041-000
Caixa Postal 1120 – São Paulo – SP
Tel. (11) 2187-4450 – Fax (11) 2187-4486
E-mail: editora@sp.senac.br
Home page: http://www.editorasenacsp.com.br

© Editora Senac São Paulo, 2017

Dados Internacionais de Catalogação na Publicação (CIP)
(Jeane Passos de Souza – CRB 8ª/6189)

Boccato, André
O nosso peixe de cada dia: 50 receitas de peixes e frutos
do mar / André Boccato – São Paulo: Editora Senac São Paulo,
2017.

ISBN 978-85-396-1206-2

1. Gastronomia 2. Peixes (receitas e preparo) 3. Frutos
do mar (receitas e preparo) I. Título.

CDD-641.69
17-478s   BISAC CKB076000

Índice para catálogo sistemático:
1. Peixes e frutos do mar (receitas e preparo)   641.69

O nosso peixe DE CADA DIA

50 RECEITAS DE PEIXES E FRUTOS DO MAR
ANDRÉ BOCCATO

Editora Senac São Paulo – São Paulo – 2017

NOTA DO EDITOR No olho do peixe, a água do mar ou do rio. Imenso é o olho do peixe, e grande, a quantidade de águas do nosso país, que, como veias, penetram terra adentro, levando vida, onde se fundam cidades, e nessas águas os peixes em grande diversidade.

Alimento dado à flor da água, naturalmente. Ou colhido nas profundezas dos rios, nas águas do mar, doce. Há que se reconhecer a simplicidade do peixe, bem como sua sofisticação. Sensível ao trato e à conservação, ele é também exigente, tem sua sazonalidade, suas características específicas, sendo, no entanto, muito maleável às diferentes formas de preparo. Cozido, frito ou assado, na brasa ou no ensopado, com muita pimenta ou quase nada temperado!

Lançamento do Senac São Paulo, *O nosso peixe de cada dia*, de André Boccato, apresenta 50 receitas que são um verdadeiro estímulo para saborear um bom peixe, o que poderia tornar-se um hábito mais enraizado em nossa população. Com as dicas de compra e recomendações de preparo, é possível cozinhar – com as devidas observações feitas sobre a necessária confiança no fornecedor do produto – um belíssimo prato. Simples assim, como um peixe!

PEIXES
Características, manuseio e formas de preparo[1]

PESCADOS NO BRASIL De norte a sul, leste a oeste, nosso país é agraciado por uma riquíssima biodiversidade. Imensas flora e fauna impressionam a todos que um dia já tiveram contato com pelo menos um pedaço do nosso país. Em sua carta ao rei de Portugal, Pero Vaz de Caminha cita, em tom impressionado, a riqueza natural com que se deparou ao chegar à costa brasileira. Ao final do seu relato, ele diz: "Águas são muitas; infindas". Ele tinha razão, mesmo tendo conhecido apenas uma ínfima parte da riqueza hidrográfica destas terras. O Brasil possui uma rede hidrográfica de mais de 55 mil quilômetros quadrados, e em toda essa água estima-se existirem cerca de 2.500 espécies de peixes de água doce e 1.300 espécies de peixes de água marinha.

Apesar de uma diversidade tão grande, nós consumimos uma quantidade muito restrita de pescados, principalmente nas metrópoles. Certamente um dos motivos principais desse consumo restrito é o desconhecimento de técnicas de corte e preparo de pescados. É importante ressaltar também que o formato de compra e consumo mudou bastante nos últimos anos. Até meados dos anos 1990 ainda era muito comum a existência de peixarias de bairro, e a compra de peixes e frutos do mar em feiras livres era significativamente maior. Dessa época em diante, as grandes redes de supermercados passaram a incluir em seu portfólio de produtos os pescados refrigerados, fazendo assim com que o número de peixarias e barracas de feira que vendiam peixes reduzisse significativamente. Com isso também tivemos uma padronização na oferta de variedade de peixes e frutos do mar; além disso, peixes de menor preço e menor tamanho, como a trilha, a manjuba, o lambari, a espada, gradativamente se afastaram do consumidor, dando lugar aos peixes de maior preço e com carne mais alta, como o robalo, a pescada-amarela, a tilápia, o cação e o salmão.

[1] Texto introdutório desenvolvido por Gustavo Rodrigues, cozinheiro especialista em pescados e frutos do mar. Estuda e trabalha com pescados há mais de sete anos, tendo atuado em grandes restaurantes especializados nesse produto, como o Remanso do Peixe e o Remanso do Bosque, em Belém do Pará. Desde 2013, trabalha com distribuição de peixes para restaurantes em São Paulo, conhecendo bem a rotina de seleção, compra, distribuição e processamento do produto.

Os peixes maiores passaram a ter um *status* de peixes de primeira qualidade nos anos recentes devido principalmente ao fato de, a partir deles, poderem ser feitos filés mais altos e sem espinhas.

É notável que grande parte dos pescados consumidos em regiões metropolitanas do sudeste do Brasil seja de filés sem pele e sem espinha, geralmente grelhados ou assados.

O Ministério da Agricultura, Pecuária e Abastecimento é o atual responsável pela Secretaria de Aquicultura e Pesca e nos fornece algumas informações esclarecedoras para entender o atual cenário de captura e consumo de pescados no Brasil.

Entre as espécies de relevância comercial no país, destacam-se: pargo (*Lutjanus purpureus*), piramutaba (*Brachyplatystoma vaillantii*), sardinha-verdadeira (*Sardinella brasiliensis*), tainha (*Mugil liza*), anchova (*Pomatomus saltatrix*), bonito-listrado (*Katsuwonus pelamis*), corvina (*Micropogonias furnieri*), castanha (*Umbrina canosai*), pescada maria-mole (*Cynoscion guatucupa*), pescadinha-real/pescada-foguete (*Macrodon ancylodon*), linguado (*Paralichthys* spp.), abrótea (*Urophycis* spp.), cabrinha (*Prionotus* spp.), sororoca/serra (*Scomberomorus brasiliensis*), albacora-de-laje (*Thunnus albacares*), albacora-branca (*Thunnus alalunga*), albacora-bandolim (*Thunnus obesus*), espadarte (*Xiphias gladius*), dourado (*Coryphaena hippurus*), pirarucu (*Arapaima gigas*), aruanã (*Osteoglossum bicirrhosum*), curimatã (*Prochilodus* spp.), dourada (*Brachyplatystoma flavicans*) e pescada-amarela (*Cynoscion acoupa*).[2]

[2] BRASIL. Ministério da Agricultura, Pecuária e Abastecimento. Instrução Normativa nº 29, de 23 de setembro de 2015. Brasília, 24 set. 2015. Disponível em: http://www.icmbio.gov.br/cepsul/images/stories/legislacao/Instrucao_normativa/2015/in_mapa_29_2015_rotulagem_nomes_peixes__parafinsinspe%C3%A7%C3%A3o.pdf. Acesso em: 24-3-2017.

A Secretaria de Aquicultura e Pesca classifica a pesca em:

ARTESANAL: quando praticada diretamente por pescador profissional, de forma autônoma ou em regime de economia familiar, com meios de produção próprios ou mediante contrato de parceria, desembarcado, podendo utilizar embarcações de pequeno porte.

INDUSTRIAL: quando praticada por pessoa física ou jurídica e envolver pescadores profissionais, empregados ou em regime de parceria por cotas-partes, utilizando embarcações de pequeno, médio ou grande porte, com finalidade comercial.

CIENTÍFICA: quando praticada por pessoa física ou jurídica, com a finalidade de pesquisa científica.

AMADORA: quando praticada por brasileiro ou estrangeiro, com equipamentos ou petrechos previstos em legislação específica, tendo por finalidade o lazer ou o desporto.

DE SUBSISTÊNCIA: quando praticada com fins de consumo doméstico ou escambo sem fins de lucro e utilizando petrechos previstos em legislação específica.[3]

Além da pesca de extração, a aquicultura representa uma parte significativa do fornecimento de pescados no Brasil. A aquicultura representou, em 2014, uma produção de 600 mil toneladas de pescado contra o mesmo volume em pesca de captura no período.[4]

Tendo em vista o aumento da procura por pescados e frutos do mar por parte do mercado consumidor nacional, o setor de aquicultura e pesca busca expansão para os próximos anos, o que irá representar um maior consumo por parte dos brasileiros.

A Food and Agriculture Organization of the United Nations (FAO) recomenda o consumo mínimo per capita de 12 quilogramas de pescado por ano.

DE ACORDO COM INFORMAÇÃO ATUALIZADA NO SITE DO MINISTÉRIO DA AGRICULTURA, PECUÁRIA E ABASTECIMENTO, O CONSUMO ATUAL DO BRASILEIRO, POR ANO, É DE 14,5 QUILOGRAMAS, SUPERANDO A RECOMENDAÇÃO MÍNIMA DA FAO.

---

[3] BRASIL. Presidência da República. Lei nº 11.959, de 29 de junho de 2009. Brasília, 29 jun. 2009. Disponível em: http://www.planalto.gov.br/ccivil_03/_ato2007-2010/2009/lei/l11959.htm. Acesso em: 6-3-2017.
[4] KUBITZA, Fernando. Aquicultura no Brasil: principais espécies, áreas de cultivo, rações, fatores limitantes e desafios. *Panorama da aquicultura*, v. 25, n. 150, jul.-ago. 2015. Disponível em: http://www.ferrazmaquinas.com.br/en/imagens/uploads/conteudos/42/arquivo/20151009160433oLNAnjgD3p.pdf. Acesso em: 6-3-2017.

SAZONALIDADE Quando se trata de pescados e frutos do mar, é sempre muito bom conhecer os períodos do ano em que há maior disponibilidade. Essa disponibilidade varia de região para região e também entre épocas do ano. As vantagens de se consumir o pescado na época em que há mais abundância e em que sua pesca está liberada são muitas, desde a facilidade em encontrar bons peixes em peixarias, mercados e feiras até a preservação da espécie.

Na época própria de determinado pescado, podemos encontrá-lo com mais frescor e qualidade e também a preços mais baixos. Respeitando a sazonalidade, aprendemos também a consumir uma maior variedade de peixes e frutos do mar, já que a maioria dos peixes utilizados em preparos culinários podem ser substituídos por outros similares a eles.

Para saber o que está disponível no mercado nas variadas épocas do ano, o ideal é perguntar ao peixeiro ou comerciante qual é o pescado da época e que está com boa qualidade e preço. Pode-se recorrer também a fontes na internet,

PARA REALIZAR SUBSTITUIÇÕES EM RECEITAS, DEVEMOS SEMPRE NOS ATER ÀS CARACTERÍSTICAS BÁSICAS EXIGIDAS PELA RECEITA, COMO FORMATO E TAMANHO DO PESCADO, ALTURA DO FILÉ, SABOR MAIS ACENTUADO OU MAIS DELICADO E SIMILARIDADE DE CORTE E PREPARAÇÃO.

como o site do Ministério da Agricultura, Pecuária e Abastecimento, ou a informações fornecidas por entrepostos comerciais. Em São Paulo, o Ceagesp divulga em seu site uma tabela de sazonalidade baseada na oferta no entreposto de pescados. Além disso, oferece um índice histórico de preços de pescados, que pode ser consultado por data e tipo de peixe. Claro que essas informações mudam de estado para estado ou até mesmo de cidade para cidade, já que, além dos movimentos migratórios dos peixes, existem também outros fatores que influenciam a oferta de determinados pescados, como temperatura, condições climáticas, condições de logística do pescado e também padrões de consumo regional.

Veja a tabela de sazonalidade do Ceagesp na página 11.

Tabela de sazonalidade – Pescados

PESCADO	JAN	FEV	MAR	ABR	MAI	JUN	JUL	AGO	SET	OUT	NOV	DEZ
ABRÓTEA												
AGULHÃO												
ANCHOVAS												
ATUM												
BACALHAU SECO												
BADEJO												
BAGRE												
BERBIGÃO												
BETARRA												
BONITO												
CAÇÃO												
CAMARÃO CATIVEIRO												
CAMARÃO-DE-SETE-BARBAS												
CAMBEVA												
CARANGUEJO												
CARAPAU												
CASCOTE												
CAVALINHA												
CHICHARRO												
CONGLIO												
CORVINA												
CURIMBATÁ												
DOURADO												
ESPADA												
GALO												
GAROUPA												
GORDINHO												
GUAIVIRA												
JUNDIÁ												
LAMBARI												
LINGUADO												
LULA												
MANDI												
MANJUBA												
MECA												
MERLUZA												
MEXILHÃO												
MISTURA												
NAMORADO												
OLHETE												
OLHO-DE-BOI												
OSTRA												
OVEVA												
PACU												
PALOMBETA												
PAMPO												
PAPA-TERRA												
PARATI												
PARGO												
PEROA												
PESCADA												
PIAU												
PINTADO												
PIRANHA												
PITANGOLA												
POLVO												
ROBALO												
SALMÃO												
SARDINHA FRESCA												
SAVELHA												
SERRA												
SIRI												
SOROROCA												
TAINHA												
TILÁPIA												
TRAÍRA												
TRILHA												
TRUTA												
TUCUNARÉ												
VIRA												
XARÉU												

Legenda: FRACO | MÉDIO | FORTE

Fonte: Ceagesp (s.d.).[5]

[5] CEAGESP. *Sazonalidade dos produtos comercializados no ETSP*. São Paulo: Ceagesp, [s.d.]. Disponível em: http://www.ceagesp.gov.br/wp-content/uploads/2015/05/produtos_epoca.pdf. Acesso em: 8-3-2017.

É FUNDAMENTAL ENTENDER QUE, A PARTIR DO MOMENTO DO ABATE DO PESCADO, INICIA-SE O PROCESSO DE DETERIORAÇÃO, E QUANTO MAIS PRÓXIMO DO MOMENTO DO ABATE O CONSUMIRMOS, MAIS FRESCO ELE ESTARÁ.

DICAS DE COMPRA

A compra e seleção de peixes é um mistério para grande parte dos consumidores no Brasil e no mundo. Muitos de nós não conhecemos os aspectos e as características a serem avaliadas e ficamos receosos de efetuar a compra de um produto sem qualidade ou até mesmo de ser enganados por comerciantes fraudulentos, já que o mercado de peixe é famoso pelas fraudes e enganações por parte de quem vende. É fundamental entender que, a partir do momento do abate do pescado, inicia-se o processo de deterioração, e quanto mais próximo do momento do abate o consumirmos, mais fresco ele estará. Devemos lembrar também que, a partir do abate, deve haver a preocupação com a forma de armazenar o produto para garantir que ele preserve as características sensoriais de frescor pelo máximo de tempo possível. De modo geral, a melhor forma de preservá-lo é a baixas temperaturas, seja refrigerado (entre 0 ºC e -2 ºC), seja congelado (congelado abaixo de -25 ºC e mantido abaixo de -15 ºC).[6] Existem vários meios de se analisar a qualidade e procedência dos peixes; a seguir, cito algumas formas de garantir a qualidade e a confiabilidade dos pescados e frutos do mar que você compra.

[6] ANVISA. *Cartilha Semana do Peixe.* Brasília: Anvisa, 2016. Disponível em: http://anvisa.gov.br/alimentos/cartilhaSemana Peixe.pdf. Acesso em: 6-3-2017.

PESCADOS REFRIGERADOS INTEIROS (FRESCOS)

1 *Análise visual* Para realizar uma análise mais realista do pescado, dê preferência à peça inteira, mesmo que você pretenda solicitar ao peixeiro que a corte em filé ou postas, pois dessa forma podemos observar o frescor de suas guelras, que devem ter uma cor vermelha viva, e não marrom opaca. Em alguns casos, como em linguados e solhas ou em peixes maiores, como robalos e pescadas-amarelas, as guelras podem estar esbranquiçadas. Isso ocorre pois, em vez de armazenar o peixe em câmaras refrigeradas ou em gelo, alguns transportadores ou comerciantes preferem acondicioná-los em água com gelo, o que ajuda o pescado a ficar inteiramente resfriado, por igual. Essa forma de armazenamento é boa, mas não é o único motivo que leva as guelras a ficarem esbranquiçadas. Alguns comerciantes lavam o pescado em água corrente para tirar odores indesejáveis, resultantes de mau armazenamento ou do fato de já terem sido abatidos há muito tempo. Essa lavagem pode também ser a causa de esbranquiçamento das guelras, por isso é importante perguntar ao comerciante o motivo de as guelras estarem assim.

Na análise visual, deve-se prestar atenção ao formato dos olhos, que precisam ter uma saliência convexa e jamais estar afundados, pois esta característica é comum em pescados mal armazenados ou que estão refrigerados há muito tempo. Note também se os olhos são translúcidos, brilhantes, e não opacos ou esbranquiçados. A característica brilhante é sinal de que o peixe foi abatido há pouco tempo. Com o passar das horas após o abatimento do animal, o olho vai se tornando opaco e afundado.

É importante também reparar se não há nenhum contaminante físico, como areia ou terra, pedaços de anzóis, metais ou plásticos, presos ao animal. Atenha-se também a manchas estranhas na pele, no caso de pescados, ou na carapaça, no caso de crustáceos. Tais manchas podem ser decorrentes de alguma doença ou contaminação que o pescado tenha sofrido.

Devem-se analisar também as características particulares do animal para ter a garantia de que ele é de fato o pescado que está sendo comercializado. Um exemplo interessante é o pintado e o cachara, que são dois pescados de água doce da mesma família. O cachara, porém, possui uma carne mais amarelada e com maior teor de gordura e por isso tem menor valor de mercado em relação ao pintado. Muitas vezes, no entanto, encontra-se cachara sendo comercializado sob o nome de pintado, que costuma ser um pescado mais caro. A diferença básica para identificar os dois pescados se encontra em seu couro. O pintado possui pintas pretas, e o cachara possui listras verticais pretas. Existe ainda um terceiro pescado, que é híbrido dos dois anteriores, conhecido como pincachara. Esse possui listras verticais e pintas mescladas em seu couro.

Nos camarões, deve-se atentar para a coloração da região da cabeça, que deve ter a mesma cor que o corpo do animal. Nos camarões-rosa, por exemplo, a coloração da região entre o dorso e a cabeça deve ser a mesma ou levemente mais escura que a do corpo, não podendo ser preta ou cinza-escura. Essa característica mais escura indica que o camarão foi armazenado em temperatura inadequada ou que foi congelado e descongelado. Os mesmos sintomas são perceptíveis no camarão-cinza de cativeiro e no camarão-branco, também conhecido como camarão-legítimo.

Quanto aos moluscos bivalves, como ostras, mexilhões e vôngoles, existem duas formas de comprar: inteiros vivos ou limpos refrigerados e congelados. No caso de comprá-los inteiros vivos, deve-se verificar se estão todos fechados – os que estiverem abertos ou fáceis de abrir estão mortos e devem ser descartados. Se comprados refrigerados ou congelados já limpos, deve-se observar se possuem coloração viva e sem partes esverdeadas, que podem indicar más condições de armazenamento.

2 *Análise tátil* As características de textura da carne e firmeza das vísceras são fundamentais para uma boa análise do pescado. Pescados frescos possuem carne firme e que responde ao toque – ao pressionar-se a carne do lombo, ela deve retornar ao formato inicial, da mesma forma como quando pressionamos o músculo do nosso antebraço. É natural que a volta ao formato inicial seja mais lenta, mas a carne não deve ficar afundada no local do toque, pois esta é uma característica de pescados abatidos há muito tempo ou armazenados de forma inadequada.

A região do ventre do pescado deve estar firme ao toque da mesma forma que a região do lombo, porém não pode estar estufada. Caso esteja, pode ser um sinal de que houve fermentação das vísceras, e há grandes chances de ter se alterado o sabor e a cor da carne que se mantém em contato com a região do ventre, além de risco de contaminação por micro-organismos presentes na parte interna do intestino e de outras vísceras. É comum que alguns comerciantes ou transportadores prefiram eviscerar os pescados para armazená-los, evitando que ocorra a fermentação das vísceras ou o seu rompimento, fazendo com que haja vazamentos dos órgãos internos e o líquido entre em contato com a carne.

Os camarões devem ter textura firme e a cabeça e o rabo devem estar presos ao corpo; quando essas partes estão se soltando, é indicativo de que não estão frescos e já estão em estágio mais avançado de deterioração.

Análise olfativa

O olfato é talvez a mais importante ferramenta que temos para avaliar o frescor e a qualidade do produto. Embora o odor de pescados, mesmo frescos ou vivos, seja característico, devemos tomar o devido cuidado para não confundi-lo com o odor de produto estragado ou deteriorado. O odor natural do pescado fresco é leve e não é fermentado; também não é similar ao de pescados salgados ou secos, como o bacalhau.

O odor não deve também lembrar produtos de limpeza, como cloro; isso pode indicar que houve más condições de armazenamento e que o pescado pode ter entrado em contato com produtos de limpeza e higienização da área de corte e embalagem ou superfícies de apoio que não tenham sido devidamente enxaguadas. Existe também a má prática por parte de alguns transportadores ou comerciantes de lavar pescados que estejam com forte odor de deterioração com soluções cloradas para reduzir a intensidade do cheiro.

Armazenamento e exposição para venda

Para armazenar o pescado fresco, deve-se levar em consideração alguns aspectos básicos. Primeiramente, deve-se garantir que o peixe esteja inteiramente gelado, evitando que alguma parte fique exposta a temperaturas mais altas do que 0 °C; isso pode ser feito cobrindo o pescado com gelo de boa procedência por todos os lados ou também mantendo-o em ambiente refrigerado sem contato com o chão, preferencialmente sobre grades que permitam a circulação do ar também na parte em que se apoia o pescado.

O ideal, ao se expor o pescado para venda, é que esteja em ambiente refrigerado e em contato com gelo, protegido do ambiente externo e do contato direto com a rua, com os transeuntes e com moscas ou qualquer outro animal. O produto deve estar devidamente identificado com nome, data de exposição e validade. Em algumas peixarias, feiras ou supermercados, o peixe fica sobre uma camada de gelo, mas sem refrigeração na parte superior; isso pode fazer com que a parte exposta do produto atinja temperaturas de risco, por isso deve-se tomar cuidado ao comprar pescados nessas condições de exposição.

5 Corte, manipulação e embalagem para transporte

Outro aspecto importante a ser levado em conta quando se compram pescados e frutos do mar é a forma como o peixeiro ou vendedor manipula, limpa e corta o produto. A bancada de manipulação deve estar sempre limpa e organizada. Sobre a bancada, apenas os itens necessários para trabalhar o corte: placas de apoio para corte, facas, chairas, escamadores, pinças e martelos. Todos os utensílios e equipamentos devem ser confeccionados com material próprio para a manipulação, tais como aço inoxidável, materiais plásticos apropriados para alimentos, entre outros. O manipulador deve estar trajado com roupas específicas para o exercício do ofício, bem como com os cabelos presos e protegidos. O manipulador deve também manter postura e comportamento higiênicos e respeitosos para com os produtos manipulados e com sua área de trabalho e seus clientes.

No caso de um cliente comprar um peixe inteiro e solicitar ao profissional que o corte da forma como prefere, é importante que o pescado seja pesado na sua frente em uma balança regulada e aferida pelos órgãos responsáveis. A transparência e a honestidade no processo de compra e venda são fundamentais para que o consumidor saiba sobre o produto, a quantidade e a forma que está comprando. Isso garantirá mais qualidade, segurança e saúde no preparo final.

6 Embalagem

Os momentos entre a compra e o acondicionamento do pescado em um refrigerador são provavelmente os mais arriscados no processo de compra e preparo. Após a escolha e a manipulação do pescado, é imprescindível que o produto seja bem embalado, com a devida segurança e qualidade, para que possa ser transportado até o refrigerador ou congelador do consumidor com a garantia de que não se deteriorará ou contaminará. Prefira embalagens térmicas e solicite que o pescado seja embalado em sacos plásticos de primeiro uso e próprios para embalar alimentos. O ideal é que seja acondicionado com bolsas de gelo ou sacos cheios de cubos de gelo. Esteja atento ao tempo que a mercadoria ficará em trânsito e à temperatura do local onde ela será mantida até que seja devidamente armazenada, principalmente se for ficar dentro de veículos exposta ao sol.

FILÉS DE PESCADOS FRESCOS

Embora não seja possível analisar um filé de pescado fresco da mesma forma que analisamos as características sensoriais de um pescado inteiro, ele também pode ser avaliado para se verificarem sua qualidade e seu frescor. A primeira característica a que devemos prestar atenção é a forma como está embalado e acondicionado; prefira sempre embalagens a vácuo armazenadas em temperaturas entre -2 ºC e 4 ºC. Tenha cuidado com a forma como os filés ficam expostos para compra; devem preferencialmente ficar protegidos do contato com o público. Os filés devem estar com consistência firme, livres de forte odor e identificados, além de conter informações tais como data de embalagem, data de validade e formas de conservação. Os cuidados quanto à embalagem e o transporte dos filés são os mesmos que devemos tomar com pescados inteiros. Dê preferência a comprar filés já prontos de um fornecedor que você já conhece e confia. Alguns comerciantes desonestos utilizam a venda de filés embalados como último recurso para comercializar um pescado que já não está em plena qualidade, pois dessa forma é possível esconder a maior parte das características que denunciaria tal condição.

PESCADOS CONGELADOS INTEIROS OU EM FILÉS

Ao contrário do que grande parte dos consumidores acredita, pescados congelados podem ser de alta qualidade. O processo de congelamento, se realizado corretamente, garantirá uma vida útil maior à mercadoria e, em muitos casos, também uma certeza de qualidade superior ao produto refrigerado. O ideal é que o pescado seja congelado imediatamente após seu abatimento e beneficiamento. Feito dessa forma, o pescado estará com excelente qualidade para uso em até 6 meses após seu congelamento. É preferível sempre congelar os pescados inteiros, sem as vísceras. A pele e as escamas, no entanto, são uma excelente proteção contra ressecamentos e queimaduras por congelamento. Camarões e lagostas devem sempre ser congelados sem cabeça, pois esta escurecerá durante o congelamento. É fundamental que o pescado esteja bem embalado e identificado para congelamento. Informações de data de embalagem e validade são extremamente necessárias para que não se perca o controle do pescado armazenado. O congelador deve estar em pleno funcionamento e bem regulado, não estando sobrecarregado e dispondo de espaço para que o ar gelado circule e mantenha-o congelado. Não é recomendado acondicionar mais de uma espécie em uma mesma embalagem, para que se evite a contaminação cruzada, já que determinadas espécies são resistentes a certos micro-organismos que outras não são.

Jamais deve-se congelar novamente um pescado que foi descongelado. Apenas se o peixe for descongelado, preparado e cozido ele poderá voltar a ser congelado.

O processo de descongelamento é tão importante quanto o de congelamento e deve ser realizado preferivelmente em refrigerador até 4 ºC. Dessa forma o pescado perderá pouca quantidade de líquidos e estará em temperatura segura durante todo o processo de descongelamento. Em hipótese nenhuma deve-se descongelar o pescado em temperatura ambiente; nesse processo a temperatura de descongelamento não será uniforme, e determinadas áreas do pescado poderão atingir a temperatura de risco, expondo-o à possibilidade de crescimento de micróbios. Uma alternativa para momentos de pressa, embora não recomendável, é descongelar em micro-ondas utilizando a opção descongelar. Nesse método, porém, ocorre maior perda de líquidos e corre-se o risco de ressecar e até mesmo cozinhar algumas partes do pescado.

PEIXES SECOS, SALGADOS OU DESIDRATADOS

Uma das mais antigas técnicas de preservação de alimentos perecíveis, a secagem se tornou, com o avanço da tecnologia, muito mais uma técnica de preparo e elaboração de pratos do que uma técnica de preservação em si. Esse processo consiste em reduzir a quantidade de líquidos presentes na matéria, permitindo que o alimento não esteja suscetível ao crescimento de colônias de bactérias e outros micro-organismos que possam ocasionar sua deterioração. Comumente encontramos três tipos de secagem; é importante, porém, entendermos as diferenças básicas entre esses três tipos.

Peixes secos podem ser definidos como aqueles dessecados sem a adição de nenhum sal, com o correto controle de temperatura. Esses pescados sofrem uma perda de líquidos gradual, até que estejam bem secos, porém esse processo não remove totalmente os líquidos do alimento. A sua textura é seca ao toque, mas não é dura ou quebradiça. Pescados secos não devem ter odor muito acentuado, embora seja natural que tenham um odor mais presente do que o pescado fresco. Sua coloração deve ser levemente mais escura que a do peixe fresco, nunca devendo ter partes esverdeadas ou azuladas; seu sabor é intenso devido à evaporação da água, que concentra as características de sabor.

Peixes salgados são aqueles que, antes de serem secos por temperatura e ventilação, passam por um processo de salga que, por osmose, extrai grande parte do líquido presente na carne do animal. O processo de salga pode ser seco ou úmido. Na salga seca, coloca-se o filé ou o pescado limpo e eviscerado aberto em contato direto com sal próprio para cura, em ambiente com temperatura controlada, para ocorrer a desidratação. Esses pescados geralmente ficam sobre grades para que o líquido escorra e não se acumule em contato com o peixe; além disso, efetua-se a troca de sal algumas vezes durante o processo. Já na salga úmida, faz-se uma salmoura e deixa-se de molho o pescado limpo e aberto ou em filés; após isso, deve-se colocá-lo em varais ou grades para que seque.

O peixe desidratado é aquele que passa por um processo de secagem similar ao do peixe seco, no entanto ele é seco totalmente, até que não reste nada de umidade em sua constituição. Nesse processo, a umidade máxima aceitável ao final é de 3%. Assim, o peixe desidratado tem uma durabilidade muito maior e pode ser armazenado em embalagens secas a temperatura ambiente.

O que deve se observar na hora da compra é se o local de armazenamento do produto é adequado, limpo, protegido de poeira e insetos. O pescado deve estar livre de mofo, ovos ou larvas de moscas, manchas escuras ou avermelhadas, limosidade na superfície, odores desagradáveis ou qualquer amolecimento, mesmo que localizado.

A LEGISLAÇÃO BRASILEIRA PREVÊ QUE A EMBALAGEM CONTENHA AS SEGUINTES INFORMAÇÕES: TIPO DE PESCADO, ESTABELECIMENTO DE ORIGEM, PESO LÍQUIDO, DATA DE EMBALAGEM, PRAZO DE VALIDADE, FORMA DE CONSERVAÇÃO E INFORMAÇÃO NUTRICIONAL.

O pescado seco mais famoso no mundo é certamente o bacalhau. Os pescados que podem ser comercializados com o nome de bacalhau no Brasil são os das espécies *Gadus morhua* e *Gadus macrocephalus*, porém, muitas vezes, encontramos no mercado outros peixes – como saithe, ling e zarbo – sendo comercializados sob este nome. Essas outras espécies devem ser denominadas de peixes salgados secos tipo bacalhau, e não bacalhau.

Assim como o descongelamento de peixes, a dessalga é um processo extremamente importante e que deve ser feito com cuidados na higiene e manipulação. O pescado salgado deve ser lavado em água potável corrente para se retirar o excesso de sal; na sequência, deve ser acondicionado em travessas com água e gelo e mantido na geladeira durante o molho. A quantidade de vezes que será necessário realizar a troca da água do molho dependerá do tamanho da peça. As primeiras trocas podem ser feitas num menor intervalo de tempo (de 1 a 2 horas), já que no início do molho o pescado tem mais sal e o perderá mais rápido. As últimas trocas podem ser em intervalos maiores de tempo (de 3 a 4 horas). Após o último período do molho, é recomendável cozinhar o pescado imediatamente ou então secá-lo e embalá-lo devidamente e congelar, garantindo, assim, que não se deteriorará.

PEIXES EM CONSERVAS

A conservação em latas ou potes esterilizados é muito comum para sardinhas e anchovas. Existem duas categorias mais comuns disponíveis no mercado: uma feita numa salmoura leve, e outra, em óleos comestíveis. Ambas passam por um processo industrial de cozimento a altas temperaturas, e, nesse processo, preserva-se grande parte dos nutrientes. O importante a se analisar durante a compra de pescados enlatados é se eles estão em salmoura ou óleo comestível. Sendo em óleo comestível, é importante observar qual óleo foi utilizado, para saber se é de maior ou menor qualidade. Conhecer o fabricante também é importante, já que em produtos industrializados e enlatados não é possível analisarmos as características sensoriais do produto no ato da compra.

TÉCNICAS DE LIMPEZA E CORTE
Alimentos extremamente perecíveis, os pescados e frutos do mar necessitam de cuidado e atenção no seu preparo. Sem dúvidas, a melhor maneira de obter um pescado bem limpo e bem cortado é contar com os serviços de um bom peixeiro! Um peixeiro experiente e conhecedor das técnicas de manipulação fará com que um ingrediente bom seja valorizado, evitando desperdícios, dando dicas de preparo e, além de tudo, realizando a limpeza e o corte de forma segura, saudável e padronizada. De qualquer modo, seja por vontade ou necessidade, é sempre valiosa a informação de como fazer por conta própria, até mesmo para reconhecer o serviço de um bom profissional.

A seguir, cito alguns aspectos importantes a serem levados em conta para executar esse serviço.

Preparo da área de trabalho e utensílios
Antes de começar quaisquer trabalhos com manipulação de alimentos, deve-se ter uma preocupação com a segurança de quem manipula e com a segurança de quem irá consumir o alimento. Para isso, é fundamental uma área de trabalho limpa e própria para trabalhar com alimentos, uma bancada e uma placa de corte para apoiar o pescado. A ferramenta mais importante para esse trabalho, sem dúvidas, é uma faca bem afiada e de tamanho adequado. Uma faca cega é muito mais perigosa para o manipulador do que uma faca afiada; com a faca cega, tendemos a fazer mais força, podendo causar danos acidentais mais profundos do que com uma bem afiada, que necessita de menos pressão

e força no ato do corte. Tenha próximo uma pedra de afiar e uma chaira. A pedra servirá para dar fio à faca no início do trabalho, e, eventualmente, teremos que realizar uma pausa para novamente afiar a faca na pedra; já a chaira serve para manter o fio que foi obtido na afiação com a pedra. Se usada constantemente a chaira, a faca manterá o corte por muito mais tempo – basta correr a faca na chaira algumas vezes de cada lado no mesmo sentido e ângulo que se afiou a faca na pedra.

Escamas

As escamas são uma excelente proteção para pescados congelados, pois evitam queimaduras por baixas temperaturas. São excelentes também para assar peixes diretamente na brasa: evitam que a carne queime e perca líquidos. Entretanto, em alguns preparos, como cozidos, assados ao forno, grelhados e fritos, o melhor é removê-las. É importante ressaltar que as escamas devem ser removidas caso se pretenda manter a pele do pescado; se se pretende remover a pele, é melhor manter as escamas, pois assim a pele estará mais firme e resistente na hora da sua remoção.

EXISTE UM UTENSÍLIO CONHECIDO COMO DESCAMADOR, PRÓPRIO PARA REMOVER ESCAMAS EM LARGA ESCALA. ESSE UTENSÍLIO SE PARECE COM UMA ESCOVA COM CERDAS GROSSAS DE AÇO.

Para remover, segure o peixe pelo rabo e, com a outra mão, corra as costas da faca contra as escamas a partir do rabo até a cabeça, como se fosse cortar as escamas com as costas da faca. Faça esse movimento repetidamente enquanto, com a mão que segura o rabo do peixe, você o movimenta para alcançar as escamas mais próximas ao ventre e depois as mais próximas ao lombo. Nesse processo, deve-se tomar cuidado para não machucar as mãos com as espinhas das barbatanas. Dê preferência a fazer esse procedimento próximo da pia ou sobre um saco plástico, já que as escamas, quando se soltam, acabam por se espalhar. Se fizer sob água corrente e com auxílio de uma escova, será mais fácil.

Existe um utensílio conhecido como descamador, próprio para remover escamas em larga escala. Esse utensílio se parece com uma escova com cerdas grossas de aço; alguns, com maior distância entre as cerdas, são próprios para pescados de escamas grandes, como a pescada-amarela, o robalo e o namorado; outros, com menor distância entre as cerdas, são para pescados de escamas menores, como o salmão, a pescada-branca e a anchova.

Vísceras

Eviscerar é um processo simples e fácil. Caso prefira, utilize luvas descartáveis para esse procedimento. Usando uma faca pequena ou a ponta de uma faca do chef, faça um corte na parte inferior do pescado a partir da cabeça até a abertura anal. Com as mãos ou com uma colher, puxe os órgãos para fora e descarte-os.

Existem algumas membranas que recobrem a parte interior do ventre do peixe – puxe-as para remover. Após, lave o pescado em água corrente, passando a água pela parte interna do ventre já sem os órgãos. Se necessário, utilize a ponta de uma faca, uma colher pequena ou uma escova própria para remover resquícios de sangue que podem ficar na parte interna do ventre.

Se pretende preparar o peixe com a cabeça ou fazer um caldo com ela, devem-se remover as guelras. As guelras são presas à parte interna da cabeça, nas suas duas extremidades; com a ponta de uma faca, corte entre a extremidade da guelra e a cabeça do pescado em cada lado das guelras e solte-as. Lave a cabeça com água corrente. No caso de utilizar a cabeça para caldo, remova também os olhos. Para a remoção dos olhos, é mais fácil partir a cabeça ao meio com uma faca, começando pela parte inferior. Após parti-la, identifique onde os olhos se prendem, corte no entorno, pressione levemente os olhos para fora para que saiam da cavidade, descarte-os e lave a cabeça para remover resquícios de líquidos e sangue. Se não forem removidas as guelras e os olhos para a preparação do caldo, este ficará amargo e terá sua durabilidade reduzida. Caso não vá utilizar as cabeças de imediato, você pode limpá-las, cortá-las e congelá--las para fazer caldos que servirão de base para outros pratos.

Cabeça, rabo e barbatanas

Se você pretende preparar o pescado sem filetar, em alguns casos pode ser útil remover a cabeça e o rabo – quando, por exemplo, o peixe for grande e não couber em uma assadeira ou panela. As barbatanas podem ser perigosas e o ideal é removê-las para evitar que espetem ou cortem quem prepara e/ou come o alimento.

Para remover as barbatanas, utilize uma tesoura de desossa: corte rente ao corpo do animal tanto as barbatanas quanto as nadadeiras. No caso de peixes maiores, pode-se utilizar também uma faca e um martelo de cozinha: posicione a faca sobre as barbatanas rente ao corpo do peixe e bata nas costas da faca com o martelo.

Para remover a cabeça, posicione o pescado de lado sobre a superfície de corte, enfie a faca por trás da parte da cabeça que cobre as guelras e corte por toda a extensão entre a parte superior e a parte inferior do peixe, rente à cabeça dos dois lados. Quando a faca tocar a espinha central, procure encaixar a faca entre a junção dos ossos e pressione-a para separar. Se necessário, movimente a cabeça de baixo para cima para separá-la do corpo.

O rabo pode ser simplesmente aparado nas pontas ou totalmente removido. Para aparar, use a mesma tesoura que utilizou para remover as barbatanas ou realize o mesmo processo com uma faca e um martelo de cozinha. Para cortar, posicione a faca no local que pretende cortar e bata com o martelo de cozinha.

Filés e postas Com o pescado eviscerado, descamado (no caso de se preten-der fazer filés e postas com a pele) e sem a cabeça, podemos preparar filés ou postas. O processo de corte de postas é ideal para peixes redondos e não muito pequenos. O processo de remoção de filé funciona tanto para peixes redondos quanto planos (linguado, por exemplo) e para peixes maiores ou menores.

As postas são pedaços com a largura de, no mínimo, um dedo cortados na perpendi-cular do corpo do peixe, mantendo os ossos e a pele. O resultado é uma peça arredon-dada com carne nos dois lados e osso no meio. Esse corte é ideal para peixes cozidos, fritos e assados. Para fazê-lo, basta medir a espessura desejada da posta e correr a faca na carne do pescado até a espinha central; ao atingir a espinha, pressione a faca ou bata com um martelo e continue cortando a carne do outro lado após cortar o osso. Uma posta tem a mesma espessura em todos os lados e mantém um formato uniforme. Alguns preferem, após descamar, eviscerar e remover cabeça, barbatanas e rabo, enrolar o pescado em um filme plástico e congelar. Após congelado, corta-se o peixe com uma faca pesada e um martelo de cozinha, assim alguns pescados de carne mais delicada conservam um formato mais padronizado após o corte.

Os filés são cortes que eliminam os ossos e as espinhas, mantendo ou não a pele e as escamas. Caso prefira manter somente a pele, e não as escamas, descame o peixe previamente. Caso prefira manter pele e escamas ou tirar a pele, não há necessidade de descamá-lo previamente, apenas remover as escamas do ventre e da parte superior do lombo para poder passar a faca. Com o peixe já eviscerado e sem a cabeça e as bar-batanas, posicione-o sobre uma superfície de trabalho e corra a faca na parte superior do peixe da cabeça para o rabo, rente ao lugar onde estaria a barbatana superior. É importante correr a faca rente as espinhas para evitar que parte do filé fique presa a elas; vá descendo a faca sempre cortando do sentido da cabeça para o rabo, até atin-gir o osso central mais alto com a ponta da faca.

Realize o mesmo procedimento na parte inferior do peixe, separando o filé das espinhas até atingir o osso central. Após atingir o osso central tanto na parte superior quanto na inferior, levante as laterais do filé e corra a faca sobre o osso central, soltando-o do filé por completo. Repita o proce-dimento do outro lado.

Alguns pescados planos podem ser um pouco mais difíceis de serem trabalhados no processo de retirada dos filés citado. Pode-se utilizar uma outra técnica em peixes planos, que é a retirada dos filés a partir do centro da lateral do pescado,

AS POSTAS SÃO PEDAÇOS COM A LARGURA DE, NO MÍNIMO, UM DEDO CORTADOS NA PERPENDICULAR DO CORPO DO PEIXE, MANTENDO OS OSSOS E A PELE.

OS FILÉS SÃO CORTES QUE ELIMINAM OS OSSOS E AS ESPINHAS, MANTENDO OU NÃO A PELE E AS ESCAMAS.

dividindo o filé de cada lateral em duas partes. Para esse processo, inicia-se o corte sobre o osso central na longitudinal de uma das laterais do pescado, e então enfia-se a faca entre as espinhas e a carne a partir do centro, correndo a faca primeiramente para a parte superior, até retirar um filé, e depois para a parte inferior, retirando outro filé. Vire o peixe e repita o processo no outro lado.

Após retirar os filés, você pode dar um acabamento removendo das laterais algumas espinhas que podem ficar presas ou membranas que podem enrijecer no cozimento, fazendo com que a carne se retorça. Passe a mão sobre o filé e sinta se há necessidade de remover alguma espinha que tenha ficado na parte central; se perceber que há espinhas, pode removê-las com uma pinça ou fazendo um corte em V no centro do filé, a partir da cabeça até onde haja espinhas. Quanto mais estreito e curto o corte para remover as espinhas, mais íntegro será o filé.

Pele

Na maioria dos casos é melhor manter a pele para preparar o pescado. Os benefícios de manter a pele são vários: ajuda a engrossar o caldo e adiciona sabor no caso de cozidos, preserva os líquidos da carne no caso de grelhados ou assados, ajuda a manter a estrutura do filé mais firme quando cozido ou grelhado. Em alguns casos, porém, como no preparo de sashimis, ceviches, peixes empanados, fritos e alguns cozidos, é melhor remover a pele.

Para remover a pele, é melhor manter as escamas e fazê-lo após filetar o peixe. Apoie o filé sobre a superfície de trabalho e corte entre a carne e a pele próximo ao rabo; segure a ponta da pele contra a superfície de apoio e corra a faca inclinada para baixo no sentido da cabeça do peixe até que a pele saia inteira. Se alguma parte ficar presa ao filé, vire o filé com a parte da pele para cima e, delicadamente, com a faca, remova os pedaços de pele.

Camarões

Camarões, independentemente do tamanho, podem ser limpos da mesma forma que os peixes. Em alguns casos, como quando assados na brasa, secos ou cozidos, podem ser preparados inteiros.

O primeiro passo é remover a cabeça, onde se encontra o sistema digestivo do animal. Para retirar a cabeça, basta puxá-la do corpo e ela facilmente se desprende, juntamente com as patas presas ao tórax. Depois de soltar a cabeça, deve-se começar a puxar as camadas da carapaça, que se soltarão juntamente com as patas abdominais. As camadas da carapaça abdominal se soltam facilmente se puxadas no sentido da cabeça para a cauda. Caso queira manter a última camada da carapaça com o rabo para decorar o prato, você pode separá-la da penúltima camada. Após a remoção da carapaça, você pode observar um fio escuro partindo da cabeça em direção ao rabo na parte superior e outro na parte inferior. O da parte superior diz respeito ao intestino e deve ser removido, o da parte inferior corresponde ao cordão nervoso e não há necessidade de removê-lo. Para remover o sistema intestinal, basta realizar um leve corte superficial na extensão superior do crustáceo, da cabeça para o rabo, e depois lavá-lo em água corrente, removendo os resquícios escuros que se mantiverem.

Ostras, mexilhões, vôngoles e vieiras

Moluscos bivalves comprados vivos devem ser lavados, antes de abertos, com uma escova em água corrente. Deve-se remover quaisquer resíduos de areia, terra, limo ou algas presas nas conchas.

Ostras a serem consumidas cruas podem ser abertas com uma faca própria e com um pano grosso para segurá-las. Com uma mão, segure a ostra com o pano e, com a outra, introduza a faca de ostras entre as conchas próximo a uma das extremidades da abertura, movimentando a faca para os dois lados para cortar o músculo adutor que a mantém fechada. Quando cortar esse músculo, a ostra se abrirá com facilidade, e então gire a faca para afastar as duas conchas. Preserve o líquido que se encontra dentro da ostra. Alguns as consomem com sumo de limão e uma pitada de sal assim que abertas, outros as temperam com pimenta e outras especiarias. O consumo desses moluscos crus deve sempre ser feito com cuidado. Compre apenas de fornecedores confiáveis; se encontrar algum molusco com as conchas abertas ou com pouca resistência à abertura, não consuma, pois, provavelmente, já está morto e pode representar risco à saúde. Para conservá-los vivos, mantenha em água do mar à temperatura ambiente (entre 15 °C e 30 °C) em local arejado.

O mesmo processo pode ser aplicado às vieiras. Depois de abri-las, retire os órgãos que estejam em torno do músculo e do coral (parte laranja-avermelhada responsável pela reprodução). O coral possui um sabor mais acentuado e característico do que o músculo principal, mas é excelente para consumo.

Mexilhões e vôngoles, depois de lavados, podem ser cozidos ainda vivos. Eles se abrirão no cozimento e podem ser servidos na concha ou fora dela.

O CONSUMO DESSES MOLUSCOS CRUS DEVE SEMPRE SER FEITO COM CUIDADO. COMPRE APENAS DE FORNECEDORES CONFIÁVEIS; SE ENCONTRAR ALGUM MOLUSCO COM AS CONCHAS ABERTAS OU COM POUCA RESISTÊNCIA À ABERTURA, NÃO CONSUMA.

COCÇÃO

Para pescados crus, cozidos, assados ou fritos, o preparo exige o mínimo de conhecimento técnico. Seguem algumas dicas de técnicas de preparo e cuidados que devemos ter.

Caldos-base Os caldos de peixes são a base de diversas preparações culinárias e podem ser produzidos principalmente a partir de ossos, cabeças e carcaças de pescados e frutos do mar. Um simples arroz com frutos do mar ou um cozido de peixe, se feito com um bom caldo, terá um resultado muito superior em aromas e sabores do que um feito com água ou caldos industrializados. Os caldos podem ser feitos com cabeças, ossos, espinhas e rabos de peixes que não sejam muito gordurosos ou tenham um sabor muito forte e característico – os mais recomendados são peixes de água marinha e carne branca. A seguir, temos duas receitas simples e rápidas de caldo de peixe e camarão.

Caldo de peixe (fumet)

ingredientes

1 cebola média inteira
1 cenoura média inteira
1 alho-poró médio inteiro
1 talo pequeno de salsão sem folhas
30 g de manteiga
500 g de cabeças (sem os olhos e sem as guelras), ossos e rabos de peixe sem resquícios de sangue
100 mℓ de vinho branco
1,2 ℓ de água
1 pitada de sal grosso
pimenta-do-reino branca em grãos

modo de preparo

Corte a cebola, a cenoura, o alho-poró e o salsão em pedaços médios, de aproximadamente 3 centímetros, e refogue-os na manteiga, numa caçarola, até que murchem. Acrescente as cabeças, os ossos e os rabos de peixe e deixe cozinhar por 5 minutos. Junte o vinho branco, deixe cozinhar por mais 5 minutos e adicione a água. Coloque uma leve pitada de sal grosso e alguns poucos grãos de pimenta-do-reino branca. Deixe cozinhar por aproximadamente 30 minutos em fervura branda, removendo constantemente com uma colher a espuma que se forma na superfície. Passe o caldo por uma peneira fina para separar qualquer ingrediente sólido e preservar apenas o líquido. Se necessário, utilize um pano descartável de cozinha de primeiro uso dentro da peneira para que os materiais sólidos não passem para o caldo. Utilize o caldo imediatamente ou congele-o para uso posterior. Para congelar, podem-se usar formas de gelo ou saquinhos plásticos, assim você terá pequenas porções de caldo individualizadas e prontas para serem usadas em outras receitas.

rendimento: 1 litro
tempo de preparo: 1 hora e 30 minutos

Caldo de camarão

ingredientes

1 tomate italiano pequeno inteiro
1 cebola média inteira
1 cenoura média inteira
1 alho-poró médio inteiro
1 talo pequeno de salsão sem folhas
20 g de manteiga
300 g de cabeças, cascas e patas de camarão
100 mℓ de vinho branco
1,2 ℓ de água
1 pitada de sal grosso
1 pitada de pimenta-de-caiena em pó

modo de preparo

Corte o tomate em pedaços e retire as sementes e o olho. Corte a cebola, a cenoura, o alho-poró e o salsão em pedaços médios, de aproximadamente 3 centímetros, e refogue-os na manteiga, numa caçarola, até que murchem. Acrescente as cabeças, cascas e patas de camarão e deixe cozinhar por 5 minutos. Junte o vinho branco, deixe cozinhar por mais 5 minutos e adicione a água. Adicione uma leve pitada de sal grosso e uma pitada de pimenta-de-caiena em pó. Deixe cozinhar por aproximadamente 45 minutos em fervura branda, removendo constantemente com uma colher a espuma que se forma na superfície. Passe o caldo por uma peneira fina para separar qualquer ingrediente sólido e preservar apenas o líquido. Se necessário, utilize um pano descartável de cozinha de primeiro uso dentro da peneira para que os materiais sólidos não passem para o caldo. Utilize o caldo imediatamente ou congele-o para uso posterior. Para congelar, podem-se usar formas de gelo ou saquinhos plásticos, assim você terá pequenas porções de caldo individualizadas e prontas para serem usadas em outras receitas.

rendimento: 1 litro
tempo de preparo: 1 hora e 30 minutos

Fritos Muito comumente consumidos em praias, os peixes e frutos do mar fritos devem receber alguns cuidados para que mantenham a crocância e suculência. Algumas dicas para um bom peixe frito são: se for empanar o peixe para fritar, tempere-o antes, e, se desejar, você também pode preparar a farinha com temperos secos, tais como pimentas em pó, ervas secas, além de sal. Se quiser uma camada mais grossa de empanado, passe na farinha, depois em ovos batidos e novamente na farinha, podendo-se usar tipos diferentes de farinha nessas etapas. É preciso prestar atenção ao óleo que será utilizado: óleos vegetais próprios para fritura e na temperatura ideal (geralmente próxima dos 170 °C) vão garantir uma fritura limpa e seca, tendo como resultado um preparo mais crocante e dourado.

Ao fritar pescados inteiros, recomenda-se fazer cortes transversais na pele para que esta não fique mole ou pegajosa. Esse procedimento também é útil para que a carne do peixe esteja bem cozida ao final da fritura, além de ajudar o tempero a penetrar na carne e se espalhar por todo o ingrediente. Tempere também o pescado por dentro, aproveitando a cavidade do ventre após retirar as vísceras. Evite utilizar ervas frescas, pois estas serão carbonizadas durante a fritura, já que a temperatura é muito alta e as ervas são muito delicadas. É preferível usá-las após a fritura, para finalizar o preparo.

Cozidos Algumas características são desejadas em preparos à base de peixes e frutos do mar cozidos: o peixe deve ficar macio, mas não deve ressecar, perdendo seu líquido para o caldo de cozimento; as espinhas, se houver, devem ser grandes e fáceis de retirar; o sabor do pescado deve ser acentuado e valorizar o preparo como um todo, não sendo sobreposto por outros ingredientes.

Ao preparar cozidos, prefira pescados em postas com osso e pele. Ossos e pele são ricos em colágeno e engrossam o caldo do cozido, além de serem ricos em vitaminas, tornando a alimentação mais saudável. Podem ser utilizados também pescados pequenos inteiros ou filés com ou sem pele; de qualquer forma, é sempre recomendado temperar com sal e especiarias antes de levar a cozimento, para que o peixe absorva bem os temperos.

Respeite o tempo de cozimento. Mesmo cozido em meio líquido, a carne do pescado pode desidratar e ficar ressecada. Pescados são proteínas mais delicadas e exigem menor tempo de cocção do que outras proteínas animais. Para filés ou postas médios, com cerca de 2 centímetros de espessura, bastam 10 minutos de fervura branda para que estejam cozidos. Para saber se o pescado está cozido no ponto e evitar que fique sobrecozido, puxe uma parte da espinha ou da pele e observe se solta com facilidade da carne. Se isso ocorrer é porque o pescado já está cozido. Caso sejam filés sem pele, espete com uma faca e observe se a carne está macia e esbranquiçada no centro.

Respeite o tempo de cozimento dos outros ingredientes e adicione-os conforme o tempo necessário para cozinhá-los. Por exemplo, se vai cozinhar um peixe com batatas e sabe que as batatas levarão 30 minutos para cozinhar e o peixe, apenas 10, adicione as batatas ao caldo em fervura branda e 20 minutos depois adicione o peixe, para que ambos estejam cozidos no ponto simultaneamente.

Os frutos do mar têm um ponto de cocção mais rápido que os peixes, devido ao tamanho e à textura. Camarões cozinham em torno de 4 minutos em fervura branda. Mexilhões, vôngoles e outros moluscos bivalves devem ser cozidos até que abram. Lulas em tubos ou anéis podem ser cozidas brevemente – em torno de 4 minutos elas já ficam macias – e se, por acaso, passarem do ponto e endurecerem, podem continuar sendo cozidas por mais uns 15 minutos e ficarão macias novamente.

Assados Para assar peixes grandes recheados ou inteiros no forno elétrico ou a gás, é ideal que, parte do tempo, sejam cobertos por papel-alumínio ou celofane próprio para assados e, outra parte, descobertos para dourarem ou tostarem levemente a pele. Se houver acompanhamentos a serem assados na mesma assadeira, deve-se respeitar o tempo de cocção de cada ingrediente. Em alguns casos, vale pré-cozinhar vegetais mais duros e tubérculos antes de assá-los. Para assar filés ou postas, prefira utilizar a função grill de fornos elétricos ou a gás. Essa função emite calor na parte superior do forno, proporcionando um aspecto dourado ao pescado. Deve-se respeitar o tempo de cocção para que o pescado não resseque ou fique com as pontas queimadas.

Para assar em churrasqueira ou fornos a lenha, o cuidado deve ser redobrado, já que qualquer descuido pode ser suficiente para queimar o preparo. Deve-se utilizar lenha ou carvão em brasa e sem chamas. Ao assar em churrasqueira, prefira os pescados inteiros ou filés com pele e escamas, pois, se a pele queimar, ela protegerá o filé e ficará fácil de soltar após assado o pescado. As escamas e a pele ajudam também a preservar a umidade do filé.

Uma boa técnica para preparar filés de pequenos peixes é utilizar papelotes de celofane para assados. Para isso, corte um quadrado de aproximadamente 30 centímetros de cada lado, posicione o filé no centro com os outros ingredientes, que podem ser vegetais cortados, temperos e, caso queira, um pouco de vinho branco e azeite. Levante as pontas do celofane, una-as e amarre-as com uma tira do celofane. Disponha em uma assadeira e asse a 180 °C por 10 minutos. Esse papelote pode ser feito também com papel-alumínio; o importante é que o papelote fique bem fechado e não escape vapor. Embora esse tipo de preparo empregue forno ou churrasqueira, essa técnica pode ser considerada uma forma de cozimento a vapor.

50 RECEITAS

ALICHELA, 124
ALMÔNDEGAS DO MAR, 76
ARROZ DE PESCADA-AMARELA, 78
BACALHAU AO FORNO, 34
BACALHAU COM BRÓCOLIS, 36
BADEJO GRELHADO COM MOLHO DE MANJERICÃO, 98
BOLINHO DE BACALHAU COM TAPIOCA, 114
BOLINHO DE CAMARÃO-DE-SETE-BARBAS COM MANDIOQUINHA, 116
CAÇÃO COM CAMARÃO, 38
CALDEIRADA, 80
CARPACCIO DE SALMÃO, 126
CASQUINHA DE PEIXE E CAMARÃO, 40
CASQUINHA DE SIRI, 42
CONGRO-ROSA AO MOLHO DE LEGUMES E PASSAS, 82
CONSERVA DE POLVO, 84
CORVINA COM BATATAS AO FORNO, 44
CUSCUZ MARROQUINO COM ERVA-DOCE E LULA, 86
DIP DE SALMÃO, 128
ENTRADA DE PIMENTÃO E ANCHOVAS, 130
ESPETO DE CAMARÃO, 46
ESPETO DE NAMORADO COM MANGA, 100
FEIJOADA DE FRUTOS DO MAR, 88
FILÉ DE PEIXE GRATINADO, 48
FILÉ DE TAINHA COM FOLHAS VERDES, 50
FILÉ DE TILÁPIA AO MOLHO DE COGUMELOS, 104

- ASSADOS
- COZIDOS
- GRELHADOS
- FRITURAS
- PRATOS FRIOS

HAMBÚRGUER DE PEIXE, 108
MEDALHÕES DE PEIXE COM PURÊ, 110
MERLUZA COM COGUMELOS, 52
MEXILHÕES COM VAGEM, 90
MOQUECA DE PIRARUCU E CAMARÃO, 92
NAMORADO AO CREME VERDE, 54
PACOTINHO DE LINGUADO, 56
PANQUECA DE CAMARÃO-CINZA, 94
PEIXE COM BANANA E COUVE-FLOR, 105
PEIXE COM MOLHO HOLANDÊS, 118
PEIXE DA TERRA, 58
PEIXE SECO DESFIADO GRATINADO, 60
PESCADA-BRANCA COM CREME DE ASPARGOS, 112
QUIBE DE PEIXE, 62
ROCAMBOLE DE MEXILHÃO COM TOMATES, 64
ROLINHOS DE PEIXE COM LARANJA, 66
SAINT PETER COM MOLHO ROSÉ, 120
SALADA DE SALMÃO DEFUMADO, 132
SANDUÍCHE DE SALMÃO E MAIONESE DE AGRIÃO, 134
SOLHA COM MOLHO DE IOGURTE, 68
SOPA DE TOMATE COM ARROZ E DOURADO-DO-MAR, 96
TERRINE DE PEIXE COM ESPINAFRE, 70
TOMATES RECHEADOS COM CAMARÃO, 72
TRUTA COM MACADÂMIA E COUVE-FLOR, 122
VOL-AU-VENT DE VIEIRAS, 74

ASSADOS

Bacalhau ao forno

ingredientes
2 postas pequenas de bacalhau dessalgado
1 cebola cortada em pétalas
1 xícara (chá) de couve-de-bruxelas
½ xícara (chá) de abobrinha pré-cozida cortada em palitos pequenos
sal a gosto
4 colheres (sopa) de azeite de oliva
2 colheres (sopa) de farinha de rosca

modo de preparo
Arrume, em um refratário, as postas de bacalhau, as pétalas de cebola, a couve-de-bruxelas e os palitos de abobrinha. Polvilhe os legumes com o sal e regue o azeite sobre o bacalhau e os legumes. Polvilhe o bacalhau com a farinha de rosca. Leve ao forno preaquecido em temperatura média e deixe assar por 30 minutos ou até que as postas estejam douradas e os legumes, cozidos. Sirva a seguir.

rendimento: 2 porções
tempo de preparo: 45 minutos

ASSADOS

Bacalhau com brócolis

ingredientes

2 xícaras (chá) de azeite
2 batatas descascadas e cortadas em rodelas
800 g de lombo de bacalhau dessalgado e afervantado
2 cebolas grandes cortadas em rodelas
2 dentes de alho picados
2 ovos cozidos cortados ao meio
4 buquês grandes de brócolis cozidos
sal a gosto

modo de preparo

Em um refratário, despeje uma parte do azeite e distribua as batatas e o bacalhau por cima. Espalhe a cebola e o alho. Regue com o azeite restante, leve ao forno preaquecido em temperatura média e deixe assar por 45 minutos. Retire do forno, coloque os ovos e os buquês de brócolis, tempere com sal e sirva a seguir.

rendimento: 6 porções
tempo de preparo: 1 hora

ASSADOS

Cação com camarão

ingredientes
6 postas de cação
2 colheres (sopa) de cheiro-verde picado
sal a gosto
suco de 1 limão
200 g de camarões pequenos limpos
1 cebola média cortada em rodelas

modo de preparo
Tempere o cação com o cheiro-verde, o sal e o limão. Misture os camarões à parte e reserve. Corte quadrados de papel-alumínio e coloque uma posta do peixe em cada quadrado. Espalhe as rodelas de cebola sobre as postas e finalize com os camarões. Feche os pacotes, leve-os ao forno preaquecido em temperatura média e deixe assar por 20 minutos. Abra os pacotes e deixe dourar ligeiramente. Sirva com arroz à grega.

rendimento: 6 porções
tempo de preparo: 40 minutos

O cação pode ser substituído por meca, pescada-amarela, robalo, namorado, badejo ou cherne.

ASSADOS

Casquinha de peixe e camarão

ingredientes
150 g de camarões pequenos
1 colher (sopa) de suco de limão
sal a gosto
2 fatias de pão integral seco e esmigalhado
¼ de xícara (chá) de leite de coco
½ colher (sopa) de azeite de dendê
250 g de peixe-vermelho cozido e desfiado
½ colher (sopa) de extrato de tomate
1 xícara (chá) de água
½ colher (sopa) de salsa picada
2 colheres (sopa) de queijo parmesão ralado

modo de preparo
Tempere os camarões com o suco de limão e o sal. Reserve. Hidrate o pão esmigalhado com o leite de coco e reserve. Em uma panela, aqueça o azeite de dendê e frite os camarões até perderem a transparência. Junte o peixe desfiado, o extrato de tomate, a água, a salsa, o pão umedecido e metade do queijo. Mexa até o pão se incorporar na mistura e tempere com o sal. Coloque esse refogado em conchas para casquinha de siri. Polvilhe com o queijo restante e leve ao forno preaquecido em temperatura média-alta até gratinar a superfície.

rendimento: 5 porções
tempo de preparo: 50 minutos

ASSADOS

Casquinha de siri

ingredientes
4 colheres (sopa) de óleo
1 cebola picada
1 dente de alho picado
2 colheres (sopa) de extrato de tomate
3 colheres (sopa) de cheiro-verde picado
1 xícara (chá) de água
100 g de farinha de pão
200 mℓ de leite de coco
400 g de carne de siri
sal a gosto
3 colheres (sopa) de queijo parmesão ralado
3 colheres (sopa) de farinha de rosca

modo de preparo
Em uma panela, aqueça o óleo e frite a cebola e o alho. Quando a cebola estiver transparente, junte o extrato de tomate, o cheiro-verde e a água. À parte, misture a farinha de pão com 50 mℓ de leite de coco. Reserve. Acrescente o leite de coco restante ao refogado e, em seguida, a carne de siri. Deixe retomar a fervura e junte o sal e a mistura de farinha de pão com leite de coco. Cozinhe por mais 5 minutos e desligue. Encha seis formas de casquinha de siri e polvilhe com o queijo e a farinha de rosca. Leve ao forno preaquecido em temperatura média-alta e deixe assar por cerca de 20 minutos. Sirva como entrada.

rendimento: 6 porções
tempo de preparo: 40 minutos

ASSADOS

Corvina com batatas ao forno

ingredientes

4 filés de corvina
2 colheres (chá) de alho em pasta
sal a gosto
pimenta chili a gosto
2 colheres (sopa) de salsa picada
2 batatas descascadas e laminadas
4 colheres (sopa) de azeite
2 colheres (sopa) de alcaparras escorridas

modo de preparo

Tempere os filés de corvina com o alho em pasta, o sal, a pimenta chili e a salsa. Reserve. Cozinhe as batatas até que estejam levemente duras por dentro e macias por fora. Corte quatro quadrados de papel-alumínio e coloque os filés sobre eles. Cubra com as batatas laminadas e pré-cozidas e regue com o azeite. Acrescente as alcaparras e embrulhe o peixe no papel-alumínio. Coloque em uma assadeira, leve ao forno preaquecido em temperatura média-alta e deixe por 20 minutos ou até que o peixe esteja assado e a batata, cozida. Sirva a seguir.

rendimento: 4 porções
tempo de preparo: 35 minutos

A corvina pode ser substituída por congro-rosa, namorado, bacalhau ou pescada-amarela.

ASSADOS

Espeto de camarão

ingredientes

1 kg de camarões-rosa grandes sem a casca e com a cauda
sal a gosto
pimenta-do-reino a gosto
suco de 1 limão
4 colheres (sopa) de azeite
½ xícara (chá) de vinho branco seco
1 dente de alho cortado ao meio
4 colheres (sopa) de cebolinha picada

modo de preparo

Tempere os camarões com o sal, a pimenta-do-reino, o suco de limão, o azeite, o vinho e o alho. Deixe apurar por 30 minutos na geladeira. Coloque os camarões em espetos para churrasco e leve à grelha ou ao forno até perderem a transparência e ficarem esbranquiçados. Polvilhe com a cebolinha e sirva a seguir.

rendimento: 5 porções
tempo de preparo: 55 minutos

O camarão-rosa pode ser substituído por camarão-branco-legítimo.

ASSADOS

Filé de peixe gratinado

ingredientes

4 filés de pargo (400 g)
sal a gosto
suco de ½ limão
1 colher (sopa) de azeite
1 cebola pequena picada
2 dentes de alho picados
6 barrinhas de kani desfiadas
1 colher (chá) de extrato de tomate
2 tomates sem pele e sem sementes picados
1 colher (sopa) de pimentão verde picado
1 colher (chá) de coentro picado
250 ml de iogurte natural
1 colher (sopa) de requeijão
1 colher (sopa) de salsa picada
1 colher (sopa) de cebolinha picada
1 colher (sopa) de queijo parmesão ralado

modo de preparo

Tempere os filés com o sal e o suco de limão e reserve. Aqueça o azeite, frite a cebola e o alho, junte o kani e refogue por 2 minutos. Adicione o extrato de tomate, os tomates picados, o pimentão e o coentro. Acrescente o iogurte, o requeijão, a salsa, a cebolinha e o sal. Misture e desligue. Em um refratário, arrume os filés, despeje o molho de iogurte, polvilhe com o queijo ralado, leve ao forno preaquecido em temperatura média e deixe assar por 30 minutos ou até que os filés estejam cozidos. Sirva a seguir.

rendimento: 4 porções
tempo de preparo: 1 hora

ASSADOS

Filé de tainha com folhas verdes

ingredientes

PEIXE
2 filés de tainha
sal a gosto
suco de ½ limão
1 colher (café) de páprica picante
1 dente de alho picado
2 colheres (sopa) de manteiga

SALADA
salada de folhas verdes a gosto (alface-americana, agrião e acelga)
3 colheres (sopa) de azeite
suco de ½ limão
sal a gosto

modo de preparo

Tempere os filés de tainha com o sal, o suco de limão, a páprica e o alho. Reserve por 1 hora. Em uma assadeira, coloque os filés, espalhe a manteiga por cima deles, leve ao forno preaquecido em temperatura média-alta e deixe assar por 20 minutos. Sirva com a salada de folhas verdes temperada com o azeite, o suco de limão e o sal.

rendimento: 2 porções
tempo de preparo: 1 hora e 25 minutos

A tainha pode ser substituída por anchovas, pescada-branca ou robalete.

ASSADOS

Merluza com cogumelos

ingredientes
2 colheres (sopa) de azeite
1 dente de alho picado
½ xícara (chá) de shimeji picado
½ xícara (chá) de shiitake fresco
2 colheres (sopa) de shoyu
1 xícara (chá) de rúcula fatiada
2 filés de merluza
½ colher (chá) de gengibre em pó
sal a gosto

modo de preparo
Em uma frigideira, aqueça o azeite e doure o alho. Junte o shimeji, o shiitake e o shoyu. Refogue até murchar e junte a rúcula. Reserve. Tempere os filés de merluza com o gengibre e o sal. Embrulhe cada um em papel-alumínio, coloque em uma assadeira, leve ao forno preaquecido em temperatura alta e deixe assar por 20 minutos. Retire do forno, abra o papel-alumínio e sirva com os cogumelos.

rendimento: 2 porções
tempo de preparo: 30 minutos

ASSADOS

Namorado ao creme verde

ingredientes

4 filés altos de namorado
sal a gosto
pimenta-do-reino a gosto
suco de ½ limão
1 abobrinha cortada em rodelas
250 ml de creme de leite fresco
1 colher (sopa) de margarina
½ cebola ralada
2 dentes de alho picados
4 colheres (sopa) de salsa picada
8 rodelas grossas de cebola

modo de preparo

Tempere os filés com o sal, a pimenta-do-reino e o suco de limão e reserve. Em uma panela, cozinhe a abobrinha no creme de leite até amolecer. Transfira tudo para o liquidificador e bata até formar um creme. Reserve. Derreta a margarina em uma panela, acrescente a cebola e o alho e refogue. Adicione o creme de abobrinha, a salsa e o sal e cozinhe, mexendo sempre, por 3 minutos. Desligue. Em uma assadeira forrada com papel-alumínio, coloque as cebolas fatiadas, formando 4 apoios. Arrume os filés sobre os apoios de cebola, leve ao forno preaquecido e deixe por 40 minutos ou até que o peixe esteja assado. Coloque os filés em quatro pratos e junte a eles o creme verde. Sirva a seguir.

rendimento: 4 porções
tempo de preparo: 1 hora e 15 minutos

ASSADOS

Pacotinho de linguado

ingredientes
1 kg de filé de linguado
suco de ½ limão
3 colheres (sopa) de azeite
sal a gosto
pimenta-do-reino a gosto
2 cebolas cortadas em rodelas
2 cenouras raladas

modo de preparo
Lave bem os filés de linguado, seque com papel-toalha e tempere, em uma vasilha, com o suco de limão, o azeite, o sal e a pimenta-do-reino. Corte papel-manteiga ou papel-alumínio em retângulos nos quais possa caber cada filé de linguado esticado e ainda sobre espaço suficiente para fechar o embrulho. Escorra o excesso de molho de cada filé de peixe e monte cada pacotinho da seguinte forma: a) estique o papel-manteiga ou o papel-alumínio em uma superfície, coloque as rodelas de cebola, espalhe por cima um pouco de cenoura e depois coloque o filé de peixe; b) feche o pacotinho, de maneira que fique um pouco de espaço vazio entre o peixe e o fechamento do papel. Coloque os pacotinhos em uma assadeira e leve ao forno quente por 20 minutos. Sirva nos próprios pacotinhos, para serem abertos no prato.

rendimento: 5 porções
tempo de preparo: 35 minutos

O linguado pode ser substituído por pargo, pescada-branca, trilha, anchova ou corvina.

Peixe da terra

ingredientes

2 filés de cavala
sal a gosto
noz-moscada ralada a gosto
1 colher (chá) de coentro em pó
½ xícara (chá) de vinho branco seco
1 talo de alho-poró cortado em rodelas finas
1 banana-da-terra cortada na diagonal em fatias finas

modo de preparo

Tempere os filés de cavala com o sal, a noz-moscada, o coentro em pó e o vinho branco. Deixe apurar por 30 minutos na geladeira. Em um refratário untado com óleo, faça uma cama de alho-poró e de banana-da-terra. Coloque os filés de cavala sobre essa cama, incluindo o caldo do tempero. Cubra com papel-alumínio, leve ao forno preaquecido em temperatura média-alta e deixe assar por 30 minutos. Retire o papel-alumínio e deixe dourar. Sirva quente.

rendimento: 2 porções
tempo de preparo: 50 minutos

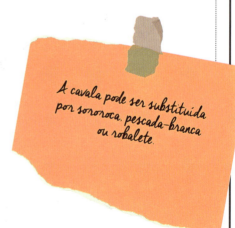

A cavala pode ser substituída por sororoca, pescada-branca ou robalete.

ASSADOS

Peixe seco desfiado gratinado

ingredientes
200 g de peixe seco (de qualquer tipo)
2 dentes de alho amassados
1 cebola picada
2 colheres (sopa) de azeite
2 tomates sem pele e sem sementes picados
2 colheres (sopa) de salsa picada
½ xícara (chá) de cream cheese
muçarela para polvilhar

modo de preparo
De véspera, deixe o peixe seco de molho, trocando a água várias vezes. Afervente duas vezes, eliminando a água. Desfie o peixe e reserve. Refogue o alho e a cebola no azeite. Junte os tomates e cozinhe por 15 minutos. Acrescente o peixe reservado e a salsa, misturando bem. Cozinhe por alguns minutos. Em um refratário pequeno, coloque o refogado de peixe e cubra com o cream cheese. Polvilhe com a muçarela, leve ao forno preaquecido em temperatura média-alta e deixe assar por 20 minutos. Sirva quente.

rendimento: 2 porções
tempo de preparo: 45 minutos

ASSADOS

Quibe de peixe

ingredientes

MASSA
250 ml de iogurte natural
1 xícara (chá) de trigo para quibe
1 cebola pequena cortada em pedaços
3 colheres (sopa) de folhas de coentro
300 g de filé de tamboril
100 g de camarões médios e limpos
½ colher (chá) de raspas de laranja
½ colher (chá) de pimenta-síria
sal a gosto

RECHEIO
1 colher (sopa) de azeite
1 cebola pequena cortada em fatias
sal a gosto
3 colheres (sopa) de uvas-passas claras
suco de ½ limão grande

modo de preparo

MASSA
Coloque o iogurte em um coador de café com filtro e deixe o soro escorrer por 2 horas. Reserve a parte sem o soro. Coloque o trigo para quibe de molho por 1 hora e escorra, espremendo bem. Coloque o iogurte sem o soro no processador de alimentos com todos os ingredientes restantes, exceto a farinha hidratada, e triture até obter uma mistura homogênea. Em uma travessa, junte essa mistura à farinha hidratada e mexa até obter novamente uma massa homogênea. Reserve.

RECHEIO
Aqueça o azeite e junte a cebola, o sal, as uvas-passas e o suco de limão. Quando as cebolas estiverem murchas, desligue. Coloque metade da massa de peixe em uma assadeira redonda pequena, espalhe o recheio e cubra com a massa restante. Leve ao forno preaquecido em temperatura média e deixe assar por 30 minutos. Sirva quente ou frio.

rendimento: 4 porções
tempo de preparo: 50 minutos

ASSADOS

Rocambole de mexilhão com tomates

ingredientes

MASSA
8 ovos
¼ de xícara (chá) de manteiga derretida
5 colheres (sopa) de farinha de trigo
½ colher (chá) de sal
½ colher (sopa) de fermento químico em pó

RECHEIO
500 g de mexilhões sem a concha
suco de 1 limão
sal a gosto
1 colher (chá) de pimenta dedo-de-moça picada
1 cebola picada
1 colher (chá) de azeite
3 tomates sem sementes picados
2 colheres (sopa) de salsa picada
1 colher (sopa) de dill picado
1 colher (sopa) de amido de milho
2 colheres (sopa) de água

modo de preparo

MASSA
Em uma tigela, coloque as gemas dos ovos, a manteiga, a farinha de trigo e o sal até obter uma mistura homogênea. Reserve. Na batedeira, bata as claras em neve e acrescente o fermento, sem parar de bater até incorporá-lo às claras. Despeje as claras sobre a mistura de gemas e mexa delicadamente até formar uma mistura leve. Passe a massa para uma assadeira grande forrada com papel-manteiga e untada com manteiga. Leve ao forno preaquecido em temperatura média e deixe assar por 20 minutos ou até que um palito espetado saia limpo. Desenforme a massa imediatamente sobre um pano úmido, deixe descansar por 5 minutos, retire o papel-manteiga e reserve.

RECHEIO
Tempere os mexilhões com o suco de limão, o sal e a pimenta dedo-de-moça. Reserve. Em uma panela, refogue a cebola no azeite até murchar. Acrescente os tomates e refogue rapidamente. Adicione os mexilhões e cozinhe por mais 3 minutos. Junte a salsa, o dill e o amido de milho dissolvido em água. Misture até engrossar.
Espalhe o recheio sobre a massa assada e enrole-a com a ajuda do pano de prato úmido, formando o rocambole. Sirva quente ou frio.

rendimento: 8 porções
tempo de preparo: 50 minutos

O mexilhão pode ser substituído por vôngole limpo, sururu limpo ou peixes cozidos e desfiados (pescada-branca, dourado-do-mar, atum, pargo, entre outros cujas espinhas sejam fáceis de retirar no cozimento).

ASSADOS

Rolinhos de peixe com laranja

ingredientes

6 filés de linguado
sal a gosto
pimenta-do-reino branca a gosto
suco de ½ laranja
1 colher (chá) de raspas de laranja
2 colheres (sopa) de azeite
2 colheres (sopa) de manteiga
1 cebola ralada
1 colher (sopa) de farinha de trigo
¾ de xícara (chá) de vinho branco seco
2 colheres (sopa) de extrato de tomate
1 lata de creme de leite
2 colheres (sopa) de dill fresco ou desidratado

modo de preparo

Tempere os filés de linguado com o sal, a pimenta-do-reino branca, o suco e as raspas de laranja. Enrole os filés e arrume-os em um refratário pequeno para que não desenrolem. Se preferir, espete palitos para segurá-los. Pincele o azeite sobre os rolinhos, leve ao forno preaquecido em temperatura média e deixe assar por 30 minutos ou até que o peixe fique dourado. Em uma panela, derreta a manteiga e frite a cebola. Polvilhe a cebola com a farinha e vá misturando rapidamente para evitar que se formem grumos. Adicione o vinho branco aos poucos e continue misturando até que se forme um creme homogêneo. Acrescente o extrato de tomate, o sal, o creme de leite e deixe aquecer, sem ferver. Desligue e misture o dill. Sirva o peixe acompanhado do molho.

rendimento: 6 porções
tempo de preparo: 45 minutos

O linguado pode ser substituído por pargo, pescada-branca, peixe-espada, sardinha ou trilha.

ASSADOS

Solha com molho de iogurte

ingredientes
5 filés de solha limpos
sal a gosto
pimenta chili a gosto
170 g de iogurte natural
2 colheres (sopa) de alcaparras escorridas e picadas
20 folhas de manjericão picadas
2 colheres (sopa) de azeite
1 colher (chá) de zátar

modo de preparo
Tempere os filés de solha com o sal e a pimenta chili e reserve-os na geladeira por 20 minutos para pegarem o tempero. Depois, coloque-os em uma assadeira forrada com papel-alumínio e cubra com mais papel-alumínio. Leve ao forno preaquecido em temperatura média e deixe assar por 20 minutos. Misture, em uma panela, o iogurte, as alcaparras, o manjericão, o azeite, o zátar e o sal. Leve ao fogo para aquecer e sirva sobre os filés assados.

rendimento: 5 porções
tempo de preparo: 40 minutos

A solha pode ser substituída por filés de linguado, pargo, pescada-branca ou robalete.

ASSADOS

Terrine de peixe com espinafre

ingredientes

1 maço de espinafre (só as folhas)
500 g de filé de merluza
1 cebola picada
3 claras
1 xícara (chá) de creme de leite fresco
1 colher (sopa) de salsa picada
1 colher (sopa) de suco de limão
1 colher (chá) de raspas de limão
sal a gosto
molho de pimenta a gosto

modo de preparo

Unte uma forma com óleo e reserve. Cozinhe as folhas de espinafre no vapor e forre o fundo e as laterais da forma com uma parte das folhas cozidas. Reserve. No processador de alimentos, coloque a merluza, a cebola, as claras e triture até a mistura ficar homogênea. Transfira para uma tigela e misture o creme de leite, a salsa, o suco e as raspas de limão, o sal e o molho de pimenta. Despeje metade dessa mistura na forma forrada, coloque o espinafre restante no centro da forma sobre a mistura de peixe e cubra com o que sobrou da mistura. Cubra com papel-alumínio, leve ao forno preaquecido em temperatura média e deixe assar em banho-maria, por 1 hora. Desenforme e sirva quente ou frio.

rendimento: 8 porções
tempo de preparo: 1 hora e 30 minutos

A merluza pode ser substituída por filé de cação, de pescada-branca ou de meca.

ASSADOS

Tomates recheados com camarão

ingredientes
4 tomates
sal a gosto
1 colher (sopa) de margarina
1 dente de alho picado
5 talos de cebolinha picados em pedaços médios
4 fatias de pão de grãos esmigalhadas
300 g de camarões pequenos limpos
2 colheres (sopa) de salsa picada

modo de preparo
Corte a tampa dos tomates e retire as sementes e a polpa com o auxílio de uma colher. Polvilhe o interior dos tomates com o sal e reserve-os virados para baixo sobre papel-toalha. Em uma panela, aqueça a margarina e frite o alho, a cebolinha, o pão e os camarões até estes perderem a transparência. Adicione a salsa e tempere com sal. Coloque esse recheio dentro dos tomates, passe para uma assadeira, leve ao forno preaquecido em temperatura média-alta e deixe assar por 10 minutos.

rendimento: 4 porções
tempo de preparo: 40 minutos

ASSADOS

Vol-au-vent de vieiras

ingredientes
1 caixa de mini-vol-au-vent congelados
3 colheres (sopa) de cream cheese
2 colheres (sopa) de cebolinha picada
250 g de vieiras cortadas em cubos pequenos
sal a gosto
pimenta-do-reino branca moída a gosto
2 colheres (sopa) de manteiga

modo de preparo
Asse os mini-vol-au-vent conforme as instruções da embalagem e deixe esfriarem. Em uma travessa, misture o cream cheese à cebolinha e reserve. Tempere as vieiras com o sal e a pimenta-do-reino branca e frite-as na manteiga até dourarem. Recheie cada vol-au-vent com uma colher de chá de cream cheese temperado e uma vieira por cima. Se preferir, finalize com cebolinha fatiada finamente. Sirva a seguir.

rendimento: 18 porções
tempo de preparo: 40 minutos

Almôndegas do mar

ingredientes

ALMÔNDEGAS
2 colheres (sopa) de azeite
3 dentes de alho picados
1 cebola picada
500 g de filé de polaca do alasca
1 colher (sopa) de coentro picado
1 colher (sopa) de molho de pimenta
sal a gosto
8 fatias de pão de forma secas e esmigalhadas
1 cenoura cozida e cortada em cubos pequenos
óleo para fritar

MOLHO
2 colheres (sopa) de manteiga
1 cebola picada
2 tabletes de caldo de peixe
5 xícaras (chá) de polpa de tomate
½ xícara (chá) de cebolinha picada
1 pitada de pimenta-do-reino
3 colheres (sopa) de creme de leite

modo de preparo

ALMÔNDEGAS
Coloque no processador o azeite, o alho, a cebola, o peixe, o coentro, o molho de pimenta, o sal e o pão. Triture até obter uma pasta homogênea. Passe para uma tigela e misture a cenoura. Retire porções da massa com uma colher de sopa e frite no óleo quente. Passe para um prato com papel-toalha e reserve.

MOLHO
Em uma panela, coloque a manteiga e refogue a cebola. Junte o caldo de peixe e a polpa de tomate e deixe ferver por 5 minutos. Junte a cebolinha, a pimenta-do-reino e o creme de leite. Mergulhe as bolinhas de peixe no molho, deixe cozinhar por 5 minutos com a panela tampada e sirva a seguir.

rendimento: 5 porções
tempo de preparo: 40 minutos

Arroz de pescada-amarela

ingredientes

4 colheres (sopa) de azeite
½ cebola picada
1 dente de alho picado
1 cenoura pequena cortada em cubos de aproximadamente 1 centímetro
1 ½ xícara (chá) de arroz-agulhinha tipo 1
½ xícara (chá) de milho-verde em conserva
sal a gosto
1 xícara (chá) de vinho branco seco
2 ½ xícaras (chá) de água quente (se preferir, use caldo de peixe ou legumes)
¼ de xícara (chá) de champignons em conserva fatiados
½ xícara (chá) de azeitonas pretas picadas
1 pimenta-malagueta picada
1 ½ xícara (chá) de pescada-amarela cortada em cubos de aproximadamente 2 centímetros
½ xícara (chá) de queijo pecorino ralado
½ xícara (chá) de salsa picada

modo de preparo

Em uma panela, aqueça 3 colheres de azeite e refogue a cebola, o alho, a cenoura, o arroz e o milho por 2 minutos. Acrescente o sal e o vinho, deixe cozinhar por 2 minutos e adicione 2 xícaras da água quente ou do caldo de peixe ou legumes. Cozinhe com a panela parcialmente tampada em fogo médio. Reserve. Em outra panela, acrescente o resto do azeite, os champignons, as azeitonas, a pimenta e a pescada, mexendo delicadamente até que a pescada esteja cozida. Acrescente, então, o arroz já cozido, a água ou o caldo restante e o queijo ralado e misture cuidadosamente. Finalize com a salsa picada e sirva a seguir.

rendimento: 4 porções
tempo de preparo: 40 minutos

Caldeirada

ingredientes

½ colher (chá) de sementes de erva-doce
1 folha de louro
2 ramos de salsa
1 colher (sopa) de azeite
1 talo de alho-poró cortado em rodelas
1 dente de alho espremido
2 tomates sem pele e sem sementes picados
1 xícara (chá) de água
½ xícara (chá) de meca cortado em cubos
½ xícara (chá) de camarões médios limpos
½ xícara (chá) de lulas cortadas em anéis
½ xícara (chá) de mexilhões limpos
½ xícara (chá) de vôngole
1 colher (chá) de pimenta dedo-de-moça picada
sal a gosto
2 colheres (sopa) de salsa picada

modo de preparo

Coloque a erva-doce, o louro e a salsa no centro de uma gaze aberta e amarre-a, formando uma trouxinha. Reserve. Em uma panela funda, aqueça o azeite, adicione o alho-poró e cozinhe em fogo baixo por 4 minutos, mexendo de vez em quando. Junte o alho e cozinhe por mais 1 minuto. Acrescente o tomate e cozinhe até começar a ferver. Adicione a água e a trouxinha reservada. Mexa e cozinhe por 15 minutos, com a panela semitampada. Junte o peixe, o camarão, a lula, o mexilhão e o vôngole e tempere com a pimenta e o sal. Cozinhe por mais 5 minutos, em fogo médio, ou até o peixe e os frutos do mar ficarem cozidos. Retire a trouxinha, desligue, misture a salsa e sirva.

rendimento: 4 porções
tempo de preparo: 1 hora

O meca pode ser substituído por robalo, pescada-amarela, filhote ou namorado.

COZIDOS

Congro-rosa ao molho de legumes e passas

ingredientes

1 cebola picada
2 dentes de alho amassados
3 colheres (sopa) de óleo
2 xícaras (chá) de cenoura cortada em cubos pequenos
2 tomates sem pele e sem sementes picados
1 colher (sopa) de mostarda
2 colheres (sopa) de uvas-passas escuras
¾ de xícara (chá) de água quente
200 g de creme de leite fresco
500 g de filé de congro-rosa cortado em pedaços de aproximadamente 4 centímetros
sal a gosto
pimenta-do-reino preta moída a gosto
2 colheres (sopa) de salsa picada

modo de preparo

Frite a cebola e o alho no óleo e junte a cenoura, os tomates e a mostarda. Refogue por mais 2 minutos, mexendo de vez em quando, e acrescente as uvas-passas e a água. Adicione o creme de leite, deixe atingir a fervura, desligue e reserve. Em uma travessa refratária, disponha os pedaços de peixe e tempere-os com o sal e a pimenta-do-reino moída. Cubra com o molho ainda quente e leve ao forno médio (170 ºC) por aproximadamente 15 minutos ou até que os filés estejam cozidos. Finalize com a salsa picada e sirva.

rendimento: 5 porções
tempo de preparo: 30 minutos

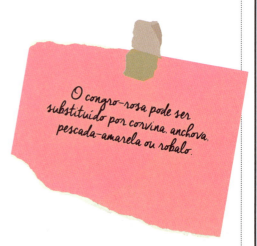

O congro-rosa pode ser substituído por corvina, anchova, pescada-amarela ou robalo.

COZIDOS

Conserva de *polvo*

ingredientes

1,5 kg de tentáculos de polvo cortados em pedaços
1 cenoura cortada em cubos médios
1 talo de salsão cortado em pedaços
1 cebola cortada em cubos médios
1 ramo de alecrim
sal a gosto
2 colheres (sopa) de água
3 xícaras (chá) de azeite
4 folhas de louro

modo de preparo

Em uma panela de pressão, coloque o polvo, a cenoura, o salsão, a cebola, meio ramo de alecrim e o sal. Adicione a água, feche a panela e cozinhe em fogo médio por 10 minutos, contados após o início da pressão. Retire os tentáculos de polvo da panela, escorra-os e coloque em potes com tampa. Preencha os potes com o azeite, o louro e o alecrim restante. Deixe descansar em ambiente refrigerado por, no mínimo, 48 horas antes de servir.

rendimento: 5 porções
tempo de preparo: 35 minutos (+ 48 horas de descanso)

COZIDOS

Cuscuz marroquino com erva-doce e lula

ingredientes

½ bulbo de erva-doce picado
2 colheres (sopa) de azeite
1 xícara (chá) de lulas cortadas em anéis e pré-cozidas
sal a gosto
1 dente de alho picado
½ colher (chá) de curry
1 pitada de cravo-da-índia em pó
1 pimenta cumari-do-pará picada
½ xícara (chá) de pimentão em conserva picado
¾ de xícara (chá) de caldo de legumes
¾ de xícara (chá) de cuscuz marroquino

modo de preparo

Em uma panela, refogue a erva-doce no azeite até que ela murche, acrescente a lula e tempere com sal. Adicione o alho, o curry, o cravo-da-índia, a pimenta cumari e o pimentão. Refogue por alguns minutos e desligue. Reserve. Aqueça o caldo de legumes e misture ao cuscuz marroquino. Deixe descansar até o cuscuz absorver todo o líquido. Misture o cuscuz hidratado com o refogado reservado e sirva a seguir.

rendimento: 4 porções
tempo de preparo: 30 minutos

Feijoada de frutos do mar

ingredientes

500 g de feijão-carioca
2 folhas de louro
2 ℓ de água
2 colheres (sopa) de azeite
3 dentes de alho amassados
300 mℓ de caldo de peixe
300 g de filé de peixe branco (pescada-branca, pargo ou robalete) sem espinhas, sem pele e cortado em pedaços
300 g de lulas em anéis
300 g de mexilhões limpos
450 g de camarões-cinza médios limpos
150 g de vieiras com ou sem coral limpas
1 pitada de pimenta-de-caiena
2 colheres (sopa) de salsa picada grosseiramente

modo de preparo

Coloque o feijão de molho por pelo menos 2 horas em água morna. Em uma caçarola grande, coloque o feijão escorrido com as folhas de louro para cozinhar em 2 litros de água, com a panela entreaberta, por aproximadamente 1 hora e 20 minutos ou até que esteja macio. Se necessário, vá adicionando água fervente para que o feijão sempre tenha caldo. Em uma frigideira, aqueça o azeite e frite os alhos amassados até que estejam dourados. Adicione, então, 2 conchas do feijão cozido com seu caldo e misture bem, com cuidado para a gordura não espirrar. Com um garfo, amasse o feijão na frigideira e volte a mistura para a caçarola com o restante do feijão, adicionando, em seguida, o caldo de peixe. Misture bem. Com a caçarola de feijão em fogo médio e em fervura branda, adicione o peixe e os anéis de lula e conte 10 minutos. Adicione, então, os mexilhões, os camarões e as vieiras e conte mais 10 minutos. Desligue o fogo. Caso queira engrossar mais o caldo, você pode esmagar alguns grãos do feijão com uma concha, espremendo-os contra a lateral ou o fundo da panela e misturando enquanto ferve. Finalize com a pimenta-de-caiena, a salsa picada e um fio de azeite. Sirva de imediato acompanhado de arroz branco e escarola refogada.

rendimento: 8 porções
tempo de preparo: 2 horas e 20 minutos

Mexilhões com vagem

ingredientes
2 colheres (sopa) de óleo
2 colheres (sopa) de cebola picada
2 dentes de alho picados
1 tomate sem pele e sem sementes picado
½ xícara (chá) de vagens picadas
1 xícara (chá) de mexilhões sem concha
2 colheres (sopa) de shoyu
1 colher (sopa) de farinha de trigo
1 xícara (chá) de água
sal a gosto
1 colher (chá) de estragão fresco ou seco
½ colher (sopa) de sálvia picada

modo de preparo
Em uma panela, aqueça o óleo e frite a cebola e o alho até dourar. Junte o tomate, as vagens, os mexilhões e o shoyu. Refogue por alguns minutos, mexendo de vez em quando. Polvilhe com a farinha de trigo e adicione a água, mexendo até engrossar ligeiramente. Tempere com o sal, o estragão e a sálvia. Cozinhe até reduzir um pouco do líquido e a vagem ficar macia. Sirva quente.

rendimento: 2 porções
tempo de preparo: 30 minutos

Os mexilhões podem ser substituídos por vôngoles, sururus ou ostras.

Moqueca de pirarucu e camarão

COZIDOS

ingredientes

800 g de filé de pirarucu cortado em pedaços
sal a gosto
1 pimenta vermelha picada
suco de 2 limões
1 pimentão vermelho médio
1 pimentão verde médio
1 pimentão amarelo médio
2 cebolas médias
4 tomates
800 g de camarões-rosa médios limpos
2 dentes de alho picados
salsa, coentro e cebolinha picados a gosto
200 mℓ de caldo de peixe
200 mℓ de leite de coco
2 colheres (sopa) de azeite

modo de preparo

Tempere o peixe com o sal, parte da pimenta e o suco de limão. Deixe apurar por 1 hora. Corte os pimentões, as cebolas e os tomates em rodelas e reserve. Tempere os camarões com o sal e a pimenta restante. Em uma panela grande, distribua, em camadas alternadas, os pedaços de peixe, os camarões, os pimentões, as cebolas e os tomates. Junte o alho e as ervas. À parte, misture o caldo de peixe com o leite de coco e o azeite. Regue os ingredientes com essa mistura e leve ao fogo baixo, com a panela entreaberta, por 20 minutos após atingir fervura. Depois de pronto, sirva com arroz branco.

rendimento: 8 porções
tempo de preparo: 50 minutos

Panqueca de camarão-cinza

ingredientes

MASSA
2 ovos
1 xícara (chá) de farinha de trigo
1 xícara (chá) de amido de milho
½ xícara (chá) de leite
200 ml de leite de coco
1 ½ colher (chá) de fermento em pó

RECHEIO
4 colheres (sopa) de manteiga
700 g de camarões-cinza médios limpos
sal a gosto
2 colheres (sopa) de farinha de trigo
150 ml de leite de coco
½ xícara (chá) de leite
1 pitada de noz-moscada ralada
1 colher (chá) de tomilho desidratado ou fresco

modo de preparo

MASSA
Bata todos os ingredientes no liquidificador. Aqueça uma frigideira untada com óleo e coloque uma pequena porção da massa, espalhando-a rapidamente. Quando a panqueca adquirir textura firme, vire-a e deixe dourar do outro lado. Repita a operação até terminar a massa. Empilhe as panquecas prontas sobre um prato. Reserve.

RECHEIO
Em uma panela, aqueça a manteiga e frite os camarões. Salpique o sal e a farinha de trigo. Junte o leite de coco e o leite, mexendo rapidamente. Adicione a noz-moscada e o tomilho. Deixe cozinhar por 5 minutos e desligue.
Quando o recheio estiver morno, coloque pequenas porções sobre cada panqueca e enrole-as. Sirva a seguir.

rendimento: 8 porções
tempo de preparo: 1 hora e 10 minutos

Sopa de tomate com arroz e dourado-do-mar

ingredientes
2 dentes de alho picados
1 colher (sopa) de folhas de sálvia frescas
2 colheres (sopa) de azeite
5 colheres (sopa) de arroz branco cru
1 xícara (chá) de abobrinha brasileira ralada
1 xícara (chá) de nabo ralado
1 lata de tomates pelados batidos no liquidificador
1,3 ℓ de caldo feito com cabeça e ossos de peixe ou caldo de legumes
2 xícaras (chá) de dourado-do-mar cortado em cubos pequenos

modo de preparo
Em uma panela, refogue o alho e a sálvia no azeite. Adicione o arroz, a abobrinha, o nabo, os tomates batidos e o caldo de peixe ou de legumes. Misture bem e cozinhe a sopa em fogo médio, com a panela semitampada, por 20 minutos. Acrescente o peixe e cozinhe por mais 10 minutos. Sirva quente.

rendimento: 4 porções
tempo de preparo: 40 minutos

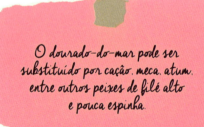

O dourado-do-mar pode ser substituído por cação, meca, atum, entre outros peixes de filé alto e pouca espinha.

Badejo grelhado com molho de manjericão

ingredientes

4 colheres (sopa) de manteiga
2 colheres (sopa) de farinha de arroz
2 xícaras (chá) de leite integral
1 xícara (chá) de creme de leite fresco
½ xícara (chá) de manjericão picado
2 colheres (chá) de páprica doce
1 pitada de pimenta-de-caiena
sal a gosto
4 filés de badejo com pele
suco de 1 limão
1 pitada de cominho em pó

modo de preparo

Em uma panela, derreta a manteiga e junte a farinha de arroz. Abaixe o fogo e acrescente o leite, mexendo sempre, até engrossar. Adicione o creme de leite, o manjericão, a páprica, a pimenta-de-caiena e o sal. Misture e reserve quente. Tempere os filés de badejo com o sal, o suco de limão e o cominho. Coloque em uma grelha com o lado da pele para cima e grelhe até que a metade da altura do filé pareça cozida. Vire os filés e grelhe até que estejam cozidos por inteiro e a pele esteja crocante. Sirva o peixe com o molho de manjericão.

rendimento: 4 porções
tempo de preparo: 30 minutos

GRELHADOS

Espeto de namorado com manga

ingredientes

2 colheres (chá) de alecrim picado
4 colheres (chá) de manjerona picada
2 colheres (chá) de páprica picante
2 colheres (sopa) de suco de limão
4 colheres (sopa) de azeite
sal a gosto
300 g de filé de namorado sem pele cortado em cubos de aproximadamente 3 centímetros
1 xícara (chá) de manga cortada em cubos
⅔ de xícara (chá) de pimentão verde cortado em cubos

modo de preparo

Em uma tigela, coloque o alecrim, a manjerona, a páprica, o suco de limão, o azeite e o sal. Tempere o peixe com essa mistura. Em espetos para churrasco, coloque sequências de peixe, manga e pimentão, até terminarem os ingredientes. Coloque os espetos na grelha ou no forno e deixe até que o peixe esteja cozido. Sirva quente.

rendimento: 4 porções
tempo de preparo: 35 minutos

GRELHADOS

[Filé de tilápia ao molho de cogumelos]

Filé de tilápia ao molho de cogumelos

ingredientes

6 filés de tilápia
sal a gosto
2 colheres (sopa) de suco de limão
2 colheres (sopa) de manteiga
1 ½ xícara (chá) de cogumelos em conserva fatiados
½ xícara (chá) de água
150 g de cream cheese
1 colher (sopa) de salsa picada

modo de preparo

Tempere o peixe com o sal e o suco de limão. Deixe apurar por 15 minutos. Em uma frigideira grande, derreta a manteiga e doure os filés dos dois lados, em fogo alto. Retire da frigideira, passe para um prato e mantenha aquecido. Na mesma frigideira, refogue os cogumelos por 3 minutos, adicione a água e deixe levantar fervura. Junte o cream cheese e aqueça em fogo baixo, mexendo até formar um molho cremoso. Despeje sobre os filés reservados, polvilhe com a salsa e sirva em seguida.

rendimento: 6 porções
tempo de preparo: 50 minutos

GRELHADOS

A tilápia pode ser substituída por pescada-branca, pintado, robalete ou pescada-amarela.

Peixe com banana e couve-flor

ingredientes
7 filés de dourado
2 colheres (chá) de alho picado
sal a gosto
4 colheres (sopa) de azeite
3 bananas-da-terra cortadas ao meio no sentido do comprimento
1 couve-flor pré-cozida cortada em buquês

modo de preparo
Tempere o dourado com o alho, o sal e o azeite. Coloque o peixe em um grill e grelhe até o ponto desejado. Retire o peixe e coloque a banana-da-terra no grill, pincelando com água para não ressecar. Deixe até amolecer um pouco e retire. Coloque os buquês de couve-flor no grill e vá pincelando com água salgada até dourarem ligeiramente. Sirva o dourado com a banana e a couve-flor grelhadas.

rendimento: 7 porções
tempo de preparo: 40 minutos

O dourado pode ser substituído por tainha, sororoca, peixe-espada ou pargo-branco.

[Peixe com banana e couve-flor]

Hambúrguer de peixe

ingredientes
500 g de filé de pargo moído
1 envelope de caldo de legumes em pó
1 colher (chá) de orégano
2 colheres (sopa) de farinha de trigo
1 ovo
5 pães de forma secos e esmigalhados
óleo para fritar
2 colheres (sopa) de azeite
1 dente de alho picado
1 pimentão amarelo picado em cubos pequenos
1 pimentão verde picado em cubos pequenos
2 ½ xícaras (chá) de polpa de tomate
sal a gosto

modo de preparo
Em uma vasilha, coloque o peixe moído, o caldo de legumes, o orégano, a farinha de trigo, o ovo e o pão esmigalhado. Misture tudo muito bem, até obter uma massa para moldar. Pegue porções da massa e faça hambúrgueres, moldando-os com as mãos. Frite em uma frigideira com pouco óleo, deixando dourar dos dois lados. Reserve. Em uma panela, aqueça o azeite, coloque o alho e os pimentões e refogue por 10 minutos, mexendo de vez em quando. Junte a polpa de tomate e o sal e deixe cozinhar por mais 5 minutos. Despeje sobre os hambúrgueres e sirva como sanduíche ou com salada.

rendimento: 5 porções
tempo de preparo: 50 minutos

GRELHADOS

Medalhões de peixe com purê

ingredientes
1 kg de mandioquinha descascada
¾ de xícara (chá) de creme de leite
sal a gosto
noz-moscada a gosto
1 kg de filé de meca
1 colher (sopa) de tomilho fresco
suco de ½ limão
2 colheres (sopa) de óleo
½ xícara (chá) de tomate seco fatiado
raspas de limão para decorar

modo de preparo
Cozinhe as mandioquinhas e passe-as, ainda quentes, pelo espremedor de legumes. Volte-as para a panela e misture o creme de leite, o sal e a noz-moscada. Deixe aquecer e desligue. Reserve. Corte o filé de meca na transversal em pedaços de aproximadamente 1,5 centímetro de espessura, tempere-os com o sal, o tomilho e o suco de limão. Em uma frigideira antiaderente, coloque o óleo e frite o peixe dos dois lados, até dourar. Monte os pratos colocando uma porção de purê quente, o filé de peixe por cima e, depois, o tomate seco. Decore com as raspas de limão e sirva a seguir.

rendimento: 5 porções
tempo de preparo: 50 minutos

GRELHADOS

> O meca pode ser substituído por robalo, pescada-amarela, atum ou anchova-negra (a anchova-negra, da espécie Ruvettus pretiosus, é um peixe que recomenda-se consumir em pequenas porções, pois contém muita gordura e pode ser de difícil digestão, causando efeitos colaterais desagradáveis ao comensal).

Pescada-branca com creme de aspargos

ingredientes

1 xícara (chá) de aspargos verdes cozidos e picados
½ xícara (chá) de creme de soja (pode ser substituído por creme de leite)
2 colheres (sopa) de vinho branco seco
¼ de xícara (chá) de água
sal a gosto
noz-moscada a gosto
4 azeitonas verdes picadas
2 filés de pescada-branca
2 colheres (chá) de salsa picada
1 pitada de cominho em pó
pimenta-de-caiena a gosto
2 colheres (sopa) de óleo

modo de preparo

Bata no liquidificador os aspargos, o creme de soja, o vinho, a água, o sal e a noz-moscada. Passe para uma panela, junte as azeitonas e deixe ferver por 3 minutos. Reserve. Tempere os filés de pescada-branca com a salsa, o cominho, o sal e a pimenta-de-caiena. Aqueça o óleo em uma frigideira e frite os filés. Sirva com o creme de aspargos verdes.

rendimento: 2 porções
tempo de preparo: 20 minutos

GRELHADOS

Bolinho de bacalhau com tapioca

ingredientes
1 cebola picada
3 colheres (sopa) de azeite
500 g de bacalhau dessalgado, cozido e desfiado
1 xícara (chá) de tapioca granulada
1 ½ xícara (chá) de leite quente
2 colheres (sopa) de manjericão picado
sal a gosto
óleo para fritar

modo de preparo
Em uma panela, refogue a cebola no azeite até dourar. Junte o bacalhau desfiado, cozinhe por mais 5 minutos e reserve. Coloque a tapioca em uma tigela e despeje o leite quente sobre ela. Deixe descansar até todo o líquido ser absorvido e junte o bacalhau refogado, misturando bem. Acrescente o manjericão e o sal, molde bolinhos de aproximadamente 25 gramas com as mãos (se necessário, unte as mãos com um pouco de óleo) e frite-os no óleo quente até dourarem. Escorra em papel-toalha e sirva a seguir.

rendimento: 6 porções de 10 bolinhos
tempo de preparo: 45 minutos

FRITURAS

Bolinho de camarão-de-sete-barbas com mandioquinha

ingredientes

RECHEIO
1 dente de alho picado
2 colheres (sopa) de azeite
½ cebola picada
500 g de camarões-de-sete-barbas limpos e descascados
sal a gosto
1 colher (sopa) de farinha de trigo
½ xícara (chá) de água
1 colher (sopa) de manjericão roxo picado

MASSA
1 kg de mandioquinha
1 colher (sopa) de manteiga
sal a gosto
farinha de trigo quanto baste
leite e farinha de rosca para empanar
óleo para fritar

modo de preparo

RECHEIO
Refogue o alho no azeite até começar a dourar, junte a cebola e refogue mais um pouco. Adicione os camarões e tempere com sal. Quando os camarões perderem a transparência, junte a farinha de trigo dissolvida na água e mexa até engrossar. Acrescente o manjericão e deixe esfriar.

MASSA
Cozinhe as mandioquinhas no vapor até ficarem macias. Amasse-as ainda quentes e misture com a manteiga e o sal. Deixe esfriar e polvilhe com farinha de trigo enquanto mistura lentamente, até que a massa desgrude das mãos.
Pegue um pouco da massa e abra com as mãos. Coloque uma porção do recheio e feche a massa, formando uma bolinha. Repita a operação até a massa acabar. Passe as bolinhas pelo leite e depois pela farinha de rosca. Frite-as em imersão no óleo quente e escorra em papel-toalha. Sirva a seguir.

rendimento: 5 porções
tempo de preparo: 1 hora

FRITURAS

Peixe com molho holandês

ingredientes

PEIXE
4 filés de cachara
sal a gosto
suco de ½ limão
2 colheres (sopa) de azeite

MOLHO
2 gemas
1 colher (sopa) de suco de limão
75 g de cream cheese
100 g de manteiga
1 pitada de pimenta vermelha em pó
sal a gosto

modo de preparo

PEIXE
Tempere os filés de cachara com o sal e o suco de limão. Reserve. Quando o molho estiver pronto, frite-os no azeite até ficarem dourados.

MOLHO
Em uma tigela, bata as gemas e misture o suco de limão e o cream cheese. Derreta a manteiga e despeje-a quente sobre a mistura de gemas. Coloque essa tigela em banho-maria e mexa por 10 minutos, para cozinhar as gemas. Acrescente a pimenta e o sal.
Sirva o molho sobre o peixe.

rendimento: 4 porções
tempo de preparo: 40 minutos

FRITURAS

O cachara pode ser substituído por pintado, pescada-amarela, filhote ou cação.

Saint peter com molho rosé

ingredientes

PEIXE
8 filés de saint peter
3 colheres (sopa) de vinagre de vinho branco
½ cebola ralada
1 dente de alho amassado
1 colher (chá) de cominho moído
sal a gosto
óleo para fritar
1 abobrinha grande cortada em tiras finas e cozida
2 talos grandes de salsão cortados em tiras finas e cozidos
1 cenoura grande cortada em tiras finas e cozida

MOLHO
2 colheres (sopa) de manteiga
1 cebola picada
1 xícara (chá) de polpa de tomate
1 colher (sopa) de amido de milho
1 xícara (chá) de leite
1 colher (sopa) de molho de pimenta verde
1 colher (sopa) de tomilho desidratado
sal a gosto

modo de preparo

PEIXE
Tempere os filés com o vinagre, a cebola, o alho, o cominho e o sal e deixe apurar por 30 minutos. Frite os filés em uma frigideira com óleo e deixe dourar dos dois lados. Depois, coloque-os em um refratário, cobrindo cada filé com os legumes em tiras. Reserve.

MOLHO
Em uma panela, derreta a manteiga e refogue a cebola. Junte a polpa de tomate, o amido de milho dissolvido no leite frio, o molho de pimenta, o tomilho e o sal. Deixe ferver e desligue. Sirva o molho sobre o peixe.

rendimento: 8 porções
tempo de preparo: 1 hora

O saint peter pode ser substituído por pargo, pargo-branco, meca, pescada-branca ou robalete.

Truta com macadâmia e couve-flor

ingredientes

4 trutas limpas e temperadas com sal e limão
½ xícara (chá) de farinha de trigo
¼ de xícara (chá) de azeite
2 colheres (sopa) de manteiga
½ colher (sopa) de açúcar mascavo
⅓ de xícara (chá) de macadâmia picada
300 g de couve-flor congelada
suco de 1 limão
1 colher (sopa) de extrato de tomate
sal a gosto
12 folhas de sálvia
azeite para fritar

modo de preparo

Passe as trutas na farinha de trigo e frite de ambos os lados no azeite misturado com a manteiga, com a frigideira tampada. Retire e deixe escorrer em papel-toalha. Na mesma frigideira, coloque o açúcar mascavo, as macadâmias, a couve-flor descongelada e frite rapidamente. Junte o suco de limão, o extrato de tomate e o sal. Reserve. Frite as folhas de sálvia no azeite e reserve. Sirva a truta com as macadâmias e a couve-flor e, por cima, espalhe as folhas de sálvia.

rendimento: 4 porções
tempo de preparo: 40 minutos

FRITURAS

A truta pode ser substituída por dourado, badejo, namorado ou pargo.

Alichela

ingredientes
100 mℓ de azeite
¾ de xícara (chá) de salsa picada
6 filés de aliche em conserva
3 dentes de alho grandes
½ cebola
sal a gosto
pimenta-do-reino a gosto

modo de preparo
No liquidificador, adicione o azeite, a salsa, o aliche, o alho e a cebola e bata até formar uma pasta. Tempere com o sal e a pimenta-do-reino. Sirva em temperatura ambiente.

rendimento: 4 porções
tempo de preparo: 15 minutos

PRATOS FRIOS

Carpaccio de salmão

ingredientes
300 g de filé de salmão sem pele congelado
150 g de cream cheese
suco de ½ limão-siciliano
2 colheres (sopa) de azeite
½ colher (chá) de açafrão-da-terra (cúrcuma)
1 colher (chá) de raspas de limão-siciliano
lascas de parmesão a gosto

modo de preparo
Com o filé de salmão ainda congelado, utilize uma faca bem afiada para cortá-lo em fatias finas. Em uma tigela, misture o cream cheese, o suco de limão, o azeite e o açafrão-da-terra. Em um prato, distribua as fatias de salmão, polvilhe com as raspas de limão e espalhe as lascas de parmesão. Sirva com o molho de cream cheese.

rendimento: 4 porções
tempo de preparo: 30 minutos

PRATOS FRIOS

Dip de salmão

ingredientes
100 g de salmão defumado
150 g de cream cheese
1 colher (sopa) de alcaparras
sal a gosto
pimenta-do-reino a gosto
1 colher (sopa) de dill picado

modo de preparo
No processador de alimentos, adicione o salmão, o cream cheese e as alcaparras e triture até virar uma pasta cremosa. Tempere com o sal e a pimenta-do-reino. Acrescente o dill e misture delicadamente. Mantenha no refrigerador até a hora de servir.

rendimento: 4 porções
tempo de preparo: 10 minutos

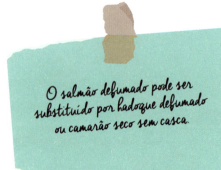

O salmão defumado pode ser substituído por hadoque defumado ou camarão seco sem casca.

Entrada de pimentão e anchovas

ingredientes
2 pimentões vermelhos cortados ao meio e sem sementes
1 cebola cortada em rodelas
1 colher (sopa) de salsa picada
1 colher (sopa) de azeite
½ colher (chá) de páprica picante
sal a gosto
pimenta-do-reino a gosto
torradas para servir
16 filés de anchova em conserva

modo de preparo
Coloque os pimentões e a cebola em uma assadeira, leve ao forno preaquecido em temperatura média e deixe assar por 30 minutos. Passe para o processador de alimentos e triture com a salsa, o azeite, a páprica, o sal e a pimenta-do-reino, até obter uma pasta homogênea. Coloque a pasta de pimentão sobre as torradas e distribua os filés de anchova sobre elas. Sirva a seguir.

rendimento: 16 porções
tempo de preparo: 40 minutos

PRATOS FRIOS

Salada de salmão defumado

ingredientes
1 cebola cortada em rodelas
¼ de xícara (chá) de azeite
2 dentes de alho picados
1 xícara (chá) de grão-de-bico cozido
folhas verdes a gosto
200 g de salmão defumado em fatias
1 xícara (chá) de abóbora-moranga cozida e cortada em cubos pequenos
1 xícara (chá) de batata cozida e cortada em cubos pequenos
3 rabanetes fatiados
1 abobrinha italiana pequena cozida e cortada em pedaços médios
6 ovos de codorna cozidos
1 pimenta jalapeño cortada em rodelas finas
¼ de xícara (chá) de azeitonas verdes
¼ de xícara (chá) de folhas de hortelã

modo de preparo
Em uma panela, refogue a cebola no azeite até murchar e junte o alho e o grão-de-bico. Refogue por mais 1 minuto e desligue. Deixe esfriar. Em uma saladeira, espalhe as folhas verdes e distribua por cima o salmão defumado, a abóbora, a batata, o rabanete, a abobrinha, os ovos de codorna, o grão-de-bico frio, a pimenta jalapeño, as azeitonas e as folhas de hortelã. Sirva a seguir acompanhada do tempero de sua preferência.

rendimento: 5 porções
tempo de preparo: 35 minutos

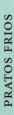
PRATOS FRIOS

Sanduíche de salmão e maionese de agrião

ingredientes
3 colheres (sopa) de maionese
3 colheres (sopa) de folhas de agrião bem picadas
160 g de salmão defumado
suco de 1 limão
pimenta-do-reino branca a gosto
8 fatias de pão de forma com uvas-passas

modo de preparo
Em uma tigela, misture a maionese com o agrião. Reserve. Tempere o salmão defumado com o suco de limão e a pimenta-do-reino branca. Em quatro fatias de pão, espalhe a maionese de agrião e distribua as fatias de salmão. Feche os sanduíches com o pão restante.

rendimento: 4 porções
tempo de preparo: 25 minutos

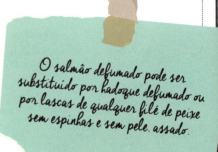

O salmão defumado pode ser substituído por hadoque defumado ou por lascas de qualquer filé de peixe sem espinhas e sem pele, assado.

PRATOS FRIOS